Heidi Kühn-Bode

POMMERN, MEINE LIEBE

Roman

Bibliographische Information der Deutschen Bibliothek:
Die Deutsche Bibliothek verzeichnet diese Publikation in der Deutschen
Nationalbibliographie: Detaillierte bibliographische Daten sind im Internet
über http://dnb.ddb.de
abrufbar.

Januar 2014
IFB Verlag Deutsche Sprache GmbH
Schulze-Delitzsch-Straße 40, 33100 Paderborn
Alle Rechte vorbehalten.
Nachdruck – auch auszugsweise –
nur mit Genehmigung des Verlages.
Druck: Janus Druck, Borchen

ISBN 978-3-942409-34-6

Heidi Kühn-Bode

POMMERN, MEINE LIEBE

Roman

1
Es war halb sechs in Pommern

Es war halb sechs in Pommern.
Er konnte die Augen nicht öffnen. Er konnte einfach nicht.
Er fühlte, wie ein Regenschauer langsam in sein Leben drang ...
Er konnte die Augen nicht aufmachen.
Unmöglich.
Die Musik regnete.
„Wer weint da?", dachte er.
Das weiße Pferd Isolde galoppierte vorbei. Er kannte sein weißes Pferdchen gut ... es galoppierte und galoppierte ...
Jetzt ... das Lied ... es regnete in sein Gesicht wie leichte Küsse.
Die Stimme ... die Stimme war unverkennbar.
„Meine Schwester", dachte er. „Sie hat eine Stimme ... so eine dicke schwarze Stimme. Meine Schwester. Niemand singt ... niemand singt so ... da war ... da war sie erst dreizehn ... Ich will, dass sie singt ... ich wache nicht auf ... ich will ... ich will schlafen ... sterben ... sterben will ich nicht ... meine Schwester ..."
Die Augen. Er konnte die Augen nicht öffnen.
„Ich kann sie nicht sehen", dachte er. „Wo ist sie?"
Er konnte die Worte nicht verstehen.
„Meine Schwester ..."
Sie sang und sang wie ein Albtraum frühmorgens. Sie war dreizehn Jahre alt und sang furchtbar ... mit einer dicken schwarzen Stimme.
Er mochte die Stimme nicht.
Das Lied regnete.
„Es waren Worte ... ihre Worte ..."
Er konnte die Worte nicht verstehen ... Sie flogen. Sie flüchteten.
Sein Gesicht war so schwer.

„Meine kleine Schwester", dachte er. „Sie ist erst dreizehn."
Er fühlte die Dunkelheit ... wie müde ...
Er sah die Farben nicht, die immer in der Morgendämmerung zu ihm kamen ...
Er versuchte die Hand zu heben ... Er wollte keine Musik ...
„Ich versteh' das Lied nicht", dachte er.
Die Farben waren nicht da. Seine kleine Schwester hatte ein Bäckergesicht.
Ein Bäckerlächeln. Helle Bäckerhaare. Eine dicke schwarze Stimme.
„Ich weiß nicht ... Sie singt ..."
Er war sehr müde ... Die Farben tanzten jetzt, endlich waren sie aufgetaucht ... Er konnte die Augen nicht öffnen ... die Musik ...
„ ... tendrás amigos tendrás amor ..."
„Sie singt", dachte er, „sie singt auf Spanisch ... my sister my sister ..."
Die großen Gesichter kamen näher ... amerikanische Gesichter ...
Die Münder sprachen ... Seine Augen taten ihm weh.
Das weiße Licht.
Das weiße Bombenlicht ...
Es war halb sechs in Pommern.
„Meine Schwester ..."
„I want her song", dachte er.
Sie war ja keine kleine Bäckerin ... aber er wusste, dass ihr Gesicht wie Sonntagsbrötchen leuchtete ... das goldene Brot ... das Brot der Reichen.
„My sister my sister ..."
Sie war dreizehn Jahre alt und hatte eine schwarze Stimme.
„Die Gesichter sind so nah ..."
Die dunklen Münder sprachen.
„I want my sister", dachte er.

Seine Schwester war dreizehn Jahre alt. Sie sang furchtbar. Eines Tages würde sie singen können. Sie war ja noch klein.
„I want my sister", dachte er.

2
Von Emma, Berta und Lena, und wie verrückt sie auf ihren Bruder waren, und wie Albert wie ein Engel auf der Balalaika spielte; an welchem Ort die Forellen wunderbare alte Phantasien murmelten, und warum das Fräulein Hildegard in einer idyllischen und pastoralen Lähmung versank

Albert war ihr Vater.
Sie sah Albert immer vor sich, immer: Er sah aus wie ein Junge, ein Bürschchen mit dunklen Haaren, groß, mit erstaunlichen blauen Augen; er spielte mit ihr und gab ihr eine Menge wunderbar schöner Küsse und sagte:
„Du bist meine dicke kleine Nudel, ich werd dich auf der Pfanne braten."
Da musste sie immer wie toll lachen, denn sie wusste ganz genau, dass sie keine Nudel war.
„Aber Albert, ich bin doch ein Milchbrötchen, das weißt du doch, und Milchbrötchen werden nicht auf der Pfanne gebraten ..."
Aber Albert hatte für alles eine Antwort und sagte, dass man Lindenblütenhonig auf die Milchbrötchen tun müsste, und dann könnte man sie genüsslich verschlingen, und dann machte er ein so schönes Geräusch und kaute so witzig und machte dabei den Mund so weit auf, dass man seine schönen weißen Zähne sehen konnte; es waren wirklich sehr kostbare Zähne, daran bestand kein Zweifel. Albert sagte,

dass die Milchbrötchen mit Lindenhonig bestimmt besser schmecken würden als die gebratenen Nudeln, obwohl er manchmal daran zweifelte, welche der beiden wohl köstlicher wären.
Sie glaubte ihm natürlich kein Wort, Albert erfand immer die tollsten Sachen, das wusste ja jeder, man konnte es in seinen Augen sehen: Sie glänzten so, wenn er seine Tollheiten von sich gab; sie war verrückt auf ihren Vater und guckte in seine blauen Augen.
„Albert, du siehst so schön aus."
Und Albert versicherte sehr ernsthaft, dass er das schon viele Male gehört habe, und sie fragte ihn, warum seine Haut so braun wäre und er erzählte ihr, dass er aus Rumänien sei, aus Bessarabien, da kamen die besseren Araber her, sagte er; was für ein Unsinn! Und dann war da noch das Schwarze Meer, bloß war das gar nicht schwarz, sondern wild und blau und grün, genau konnte man das nicht sagen, und Albert ritt immer ohne Sattel auf seinem Pferd, richtig wild, und er fehlte auch oft in der Schule, denn da war das Leben sehr langweilig, der ganze Tag war einem dadurch verdorben, wirklich beklagenswert, und außerdem war es so heiß im Sommer, und Albert wollte lieber fischen gehen, und da konnte die Lehrerin noch so viel reden und ihn bei seiner Mutter verpetzen, weil er ein so freches und widerspenstiges Bürschchen war; seine Mutter, Hulda, ging allerdings gar nicht darauf ein, so ein Gerede kam ihr gar nicht zupass, und so zog sie es vor, zu glauben, dass dies vielmehr bloß ein weiteres Kompliment für ihren Goldsohn sei. Dem kleinen Albert war das vollends schnuppe, denn er wusste ganz genau, dass seine Lehrerin holterdiepolter seine Streiche vergessen würde, er hatte nämlich vor, bei der nächstbesten Gelegenheit sein Zauberlächeln für sie aufzusetzen; ehrlich gesagt, diese feingehäkelte Masche funktionierte immer: Er leuchtete sie so fest und treuherzig mit seinen erstaunlichen blauen Augen an, dass es fast schien, als würde die Lehrerin wie aus

heiterem Himmel in eine schwärmerische und romantische Erstarrung fallen; es hatte ja wahrhaftig den Anschein, sagte Albert, als wäre sie im Begriff, plötzlich ihr junges Leben vollends auszuhauchen.

Das Leben war geheimnisvoll, und im Wald wusste man sehr wohl von Albert, die Vögel grüßten ihn von oben aus der leuchtenden Himmelsbläue, und die Bäume flüsterten alte Legenden, und im Fluss, der so breit war wie etwa der Bodensee, hausten seit undenklichen Zeiten ungemein stattliche Forellen, die ihm wundersame alte Fabeln und Märchengeschichten zuflüsterten; es waren Forellen vom alten Geschlecht der Schreiberlinge und Geschichtenerzählerinnen, sie stammten aus einem berühmten, zauberhaften Land, das Arkadien genannt wurde, und nie und nimmer sprachen die Forellen mit anderen Leuten, bloß mit Albert. Was hatte der kleine Albert für ein Glück!

Und seine Schwestern hießen Emma, Berta und Lena, sie waren vollständig versessen auf Albert, das ging so weit, sagte ihr Vater, dass sie ihn vor lauter Liebe wohl am liebsten in Stücke gerissen hätten, sie fielen einfach auf alles rein und glaubten ihm die tollsten Hirngespinste und Lügengewebe. Alberts Schwestern verstanden ein so unglaubliches Brot zu backen, aus einem alten Rezept edler Herkunft, ein ungemein schmackhaftes Achtzehnkornbrot; sie backten, sie schmorten, sie verzierten die feinsten Kuchen und Torten, denn als Bäckerinnen und Konditorinnen genossen sie einen unvergleichlichen Ruf, und waren Berühmtheiten in allen Gemeinden der Gegend, und immer waren die besten Bissen und Tortenhappen für Albert gedacht, obwohl er ständig in der Schule fehlte; seine ewigen Ausflüge und wilden Ritte in die Berge brachten jedoch Emma, Berta und Lena nicht aus der Ruhe, es war ja weithin bekannt, dass er von allen Kindern das klügste und witzigste Bürschchen war, er war

zweifelsohne sogar schlauer als seine Lehrerin, die, wie hinlänglich bekannt, über eine herausragende und vorzügliche Bildung verfügte. Fräulein Hildegard spielte die Querflöte und hatte ‚Krieg und Frieden' vierzehnmal gelesen, zudem war sie ganz verrückt nach ein paar sehr komplizierten und beinahe ungehörigen Abhandlungen über Phytopathologie, von der niemand recht wusste, was das eigentlich sein sollte, und außerdem auf ‚Das Kapital', zwischen dessen Seiten der kleine Albert herumgähnte und fast mit dem Kopf im Buch steckenblieb, so langweilig war der Roman, schlicht unerträglich, sagte Albert. Welcher Hahn krähte wohl nach solchem Geschreibsel? Sein Vater, Inmanuel, hielt große Stücke auf seinen Sohn; er behauptete, dass Albert einen sehr wählerischen literarischen Geschmack besitze, daran bestehe kein Zweifel. Albert las alles, was er kriegen konnte, geisttötende und ausnehmend alberne Liebesromane, schläfrige evangelische Traktätchen, feine yiddische Kochbücher, die kein Schwein je verstand, fade gregorianische Gesänge und was immer auch für staubtrockene Propagandafetzen, lederne Kataloge und fromme Abhandlungen er an sich bringen konnte, und obendrein die sterbenslangweilige und stieselige kommunistische Tageszeitung von Bukarest, mal gar nicht zu reden von den nervtötenden und einschläfernden Gemeindeblättchen der orthodoxen Kirche auf Russisch; außerdem glänzte er im Kopfrechnen und verstand sogar etwas von Geometrie und Astronomie: „Mein lieber Scholli", sagte sein Vater Inmanuel, „was der Knabe alles las, als wahr und nützlich erkannte und obendrein noch im Gehirn aufbewahrte!"
„Was für ein goldener Suppentopf ist der Junge!", sagte Hulda, seine Mutter, „kaum kam er zur Welt, da sprach er bereits Latein. Welch eine Wonne und Seligkeit!"
Seine Schwestern Emma, Berta und Lena nähten, strickten und stickten sich die Finger wund an Hemden und Hausjacken für ihren

Goldbruder. Hulda konnte sich gar nicht genug tun vor Bewunderung: Wie allerfeinst und unerreicht golden präsentierte er sich in ihren Kleidungsstücken! Sie gaben sich die größte Mühe, ihn so auszustatten, dass aller Augen an ihm kleben blieben; es war offensichtlich, dass unter all den jungen Männern es ihm keiner gleichtun konnte in ganz Bessarabien. Albert war edel und romantisch, da konnte man noch so weit reiten, man fand seinesgleichen nicht; Emma, Berta und Lena wussten ganz genau, welch großes Glück es war, so einen Bruder zu haben, der wahrhaftig glänzte wie ein Stern; die anderen Jungen waren eher ungehobelte Dickschädel, Zornnickel, Bummelanten und im Allgemeinen recht unsensible Menschen, wahre Landplagen, na jedenfalls: Hatte vielleicht einer von denen so unglaubliche blaue Augen wie Albert? „Natürlich nicht", sagte Hulda, seine Mutter; diese trüben Vielfraße besaßen jenen Fischsuppenblick der Karpfen, die ja gewiss aus einem Albtraum stammten, ohne jegliche Grazie und Eleganz; und alle zusammen lebten ohne Sinn und Verstand so in den Tag hinein, wobei sie noch obendrein so eine blöde Fratze aufsetzten; na, konnten die etwa wunderbare Geschichten erzählen und ausschmücken wie in einem Wiener Theater, diese unseligen und dämlichen Exemplare? Konnten diese lahmen Kartoffelpuffer etwa singen und jagen wie Albert, und nachts wie Engel auf der Balalaika spielen? Vermochte es auch nur einer von diesen infamen Lümmeln, sich süß und einschmeichelnd mit Bienen und Vögeln zu unterhalten wie ein wahrer Himmelsteufel? Natürlich nicht, das war ja bekannt in der ganzen Nachbarschaft, und Emma, Berta und Lena irrten sich bestimmt nicht, wenn sie Albertinchen vor lauter verrückter Liebe in Stücke reißen wollten.

„Albert, sag mir, was die Forellen erzählen."

„Ja, das war an einem Donnerstagabend. Eine goldene Forelle steckte ihren Kopf aus dem Wasser; auf ihrem Fischkopf trug sie eine

goldene Krone, sie wandte sich an mich und sagte: ‚Guten Abend, Prinz Albertinchen'. Dann machte sie eine reizende Verbeugung. Sie teilte mir mit, dass ich zweifelsohne eines Tages König sein würde."
„Und wurdest du dann wirklich König?"
Und Albert setzte sein Sonntagslächeln auf, so nannte er es nämlich, denn es war kein gewöhnliches Wochentagslächeln, und dann erklärte er ihr, dass er ganz bestimmt einmal genau dieses Lächeln verkaufen könnte, denn ein derartiges Lächeln gab's ja sicher nicht alle naselang; es entzückte die Leute derart, dass sie sich wie verzaubert in einem Traum wiederfanden, sagte Hulda, seine Mutter; nichtsdestoweniger, sagte Albert und blickte sie mit seinen erstaunlichen blauen Augen an, hatte er überhaupt keine Lust, den König von Bessarabien zu spielen, er konnte sich schon vorstellen, dass so eine Angelegenheit eher lästig wäre und sicher in Arbeit ausarten würde, aber sie bedrängten ihn derart und gaben keine Ruhe ...
„Aber was waren denn das für Leute?"
„Naja, die meisten waren Forellen, ganz klar", sagte Albert, „recht nette Leutchen, aber die wollten mich ja unbedingt als König haben, es war eine richtige Piesackerei, und zum Schluss war der ganze Beruf ziemlich lästig; eine gottlose Plackerei, du liebe Güte, was für eine Arbeit, den König zu spielen, wenn man davon keine Ahnung hat!"
So gaben sie ihm also eine Krone aus purem Gold – eine Krone, stell dir das mal vor! - mit Perlen und kostbaren Edelsteinen draufgeklebt, von wundervollem Glanz und Rang und außerdem kriegte er noch und noch Ländereien und Weinberge dazu, logischerweise halb Rumänien und große Teile von Moldawien und eine Ritterburg mit einer oder zwei Millionen von Kriegern und zweihunderttausend Pferden der Königlichen Reitschule von Wien, niemand konnte die richtig zählen, so viele waren es, und noch dazu ein Auto, das wie

ein Tier hieß, sie konnte sich nicht genau erinnern, was für eine Art Bestie das war; das Auto brüllte und fauchte jedenfalls und zischte durch die Gegend wie von Teufels Hand. Er bekam auch die allerbesten Leckerbissen, aber die mochte er gar nicht so gern, nichts schmeckte so gut wie bei Emma, Berta und Lena zuhause in Neu-Saratta; außerdem wusste er gar nicht, was er als König anstellen sollte, sodass er mit der goldenen Krone auf dem Kopf Runde um Runde drehte und einfach durch die Gegend raste, dabei musste er immer lachen, denn die Leute machten respektvolle Verbeugungen vor ihm und alle möglichen Reverenzen, und grüßten ihn: „Guten Abend, Majestät."

Und Albert hing es schon zum Hals heraus, ständig Marzipan und noch mehr Marzipan von einer Silberplatte zu verschlingen, jeden Tag, stell dir das mal vor: sich vollzufressen mit Marzipan! In der normalen Welt da bekam man bloß zu Weihnachten Marzipan und auch nicht sehr viele Figürchen ...

Aber Albert war nun mal der König von Bessarabien, der zu jeder Stunde Marzipan essen durfte, nachdem er vom Königsthron Besitz genommen hatte, bloß weil eine goldene Forelle sich das in den Fischkopf gesetzt hatte: ein wirklich sehr ansprechendes Exemplar ... bloß war die Gute wohl reichlich überkandidelt.

3
Am Ende des Tunnels ist ein weißes Licht

„Hagen", sagte seine kleine Schwester, „Hagen, wach auf ... bitte ... bitte stirb nicht ... ich will nicht ... wach auf, Hagen ..."

Hagen bewegte sich nicht; er war tot ... sein Gesicht war schwer und unbeweglich ... ein breites, großes, amerikanisches Gesicht ... ein unbekanntes Gesicht. Ein stilles totes Gesicht.

„Hagen, wach auf", sagte seine kleine Schwester. Sie war jetzt nicht mehr dreizehn Jahre alt. Sie konnte jetzt singen.

„Hagen, einen Augenblick, bitte warte ... geh nirgendwo hin; hier wird nicht gestorben; es ist bloß ein Traum, sonst nichts ... ein Albtraum, kannst du mich hören, Hagen?"

„Bitte sag was, bitte, lass mich nicht allein ... ich kann es nicht ertragen ... pass nur auf, ich werd' für dich singen, ich weiß, dass du mich nicht singen hören willst ... pass bloß auf ... Bitte stirb nicht, Hagen ... fang bloß nicht damit an ... sag doch was ... irgendwas ..."

„Komm, Hagen, sei nicht bescheuert, wach auf, sonst sing' ich ganz grässliches Zeug ... du wirst dich schön erschrecken!"

Ein weißer Kittel kam lächelnd ins Zimmer.

„Du bist müde", sagte der Kittel.

„Ich bin nicht müde, nein, ich will weitermachen ... er soll aufwachen ..."

„We can give you no hope", sagte der weiße Kittel.

„Ich weiß, lass mich, ich will mit ihm reden ... ich glaub' nicht an den Tod, lass mich mit ihm allein ... ich hab's eilig ... sehr eilig", sagte Hagens kleine Schwester.

Sie war jetzt nicht mehr dreizehn Jahre alt.

Sie konnte schon ziemlich gut singen.

Der weiße Kittel ging fort.

„Hagen, mach die Augen auf, bitte ... du träumst doch nur ... du bist nicht tot ... du kannst jetzt nicht sterben, ganz bestimmt nicht, du weißt das doch ... Hagen, kannst du mich hören? Mach die Augen auf, Hagen, guck mich an ... ich bin es ... Hagen, bitte!"

Sie schluckte an ihren Tränen und fing an zu singen; Hagen lag da und sah aus wie tot ... aber Hagen konnte das Lied hören, ganz bestimmt, obwohl er die Stimme nicht mochte ...
Ihr war es egal, sie sang einfach weiter ... und unter dem Lied wohnte ein Flüstern:
„Am Ende des Tunnels ist ein weißes Licht, guck nicht hin, guck bloß nicht hin ..."
„Hagen, weißt du, wer ich bin?", fragte seine kleine Schwester.
Der kleine Raum der Intensivstation war weiß und tödlich; eine kalte tägliche Wüste mit einem einzigen Bewohner ... ihrem Bruder, der sich seinen eigenen Tod vorstellte.
„Mach die Augen auf, Hagen, oder willst du hier sterben wie ein Blödmann? Bitte ... ich weiß, dass du nicht tot bist, ich schwöre es dir, ich weiß, dass du hier bist, du kannst vor Schreck sterben, wenn du das möchtest, ich werde dir grässliche Sachen vorsingen ... bitte wach auf ..."
„Please. Please. Please. Please don't die ... please ... don't die ..."
„Von mir aus kannst du tun, was du willst ... mach einen Kopfstand, geh zum Teufel, wenn du das möchtest, aber mach die Augen auf ... oder willst du einfach sterben? Das ist doch lächerlich! Wieso willst du denn jetzt sterben, du Affe? Wenn du vergehen willst wie ein Stockfisch, dann sag mir Bescheid, ich hau' dann ab und du bleibst hier liegen wie ein Maultier. Von mir aus ... von mir aus kannst du zur Hölle fahren wie eine Räucherwurst ..."
„Am Ende des Tunnels ist ein weißes Licht, guck nicht hin, guck bloß nicht hin ..."
„Hagen, bitte wach auf, lass mich nicht allein ... mach die Augen auf, ich weiß, dass du nicht tot bist ... Hagen ..."
„Please. Please. Please. Please don't die ... please ... don't die ..."

4
Von den Worten, die wie Tiere sind; und warum ein großes und herrliches Wort das Herz von Alberts Tochter stillstehen lässt

Sie erinnerte sich noch ganz genau an den winzigkleinen Augenblick in ihrem Leben, in dem sie ihren Vater zum ersten Mal richtig gesehen hatte.
Sie lag in ihrem weißen Kinderbettchen. Sie erwachte. Sie hörte einen großen Krach und böse Stimmen.
Das war der kleinste und allerwichtigste Augenblick in ihrem Leben.
Bis zum Ende ihrer Tage würde sie von diesem Moment zehren, von dem wichtigsten Punkt ihrer Zeit: Er lebte unvergänglich in ihr wie ein schimmernder Begleiter.
Es war der Augenblick, in dem sie jemand sehen durfte, der Lügen erzählte. Ganz kostbare Lügen, die ihr anvertraut wurden wie erlesene und kostbare Schätze. Es war der Augenblick, in dem sie begriff, dass in der Welt die Worte lebten; mit ihnen konnte man alles machen: eine Tragödie und einen Witz, die Oper und die Zeitungsartikel, ein Urteil und eine Liebesgeschichte, das Leben der Menschen, Gedichte und das tägliche Brot, denn alles vereinte und liebte sich in den Wörtern. Worte waren wie Vögel, die durch ihre Landschaft flogen. Sie atmeten und sangen. Sie waren stark und unabhängig; und dennoch konnte man sie entzücken, als wären sie junge Männer, verführen wie Maurinnen zwischen zwei Nächten und zähmen wie wilde Pferde.
Ihr Vater kam in ihr Zimmer.
Er näherte sich ihrem Bettchen. Er nahm sie auf den Arm.
Er gab ihr einen Kuss.
Sie legte ihre Hand auf sein Gesicht. Es war feucht.

Sie fürchtete sich ein wenig und sagte:
„Albert, weine nicht, sei nicht traurig, Albert."
„Ich weine doch nicht, oh nein", sagte Albert, „hab' keine Angst, mein gutes kleines Puffelding. Der Großvater hat mich bloß gehauen, außerdem hatte er ganz recht ..."
„Hast du was Böses getan, Albert?"
„Ich?", sagte Albert. „Ich bin doch ganz lieb und obendrein aus Schokolade, das weißt du doch."
„Ich glaub' dir kein Wort, Albert, du weinst ... und warum hast du dem Großvater keine runtergehauen?"
Albert lachte wie verrückt; er bog sich vor Lachen, er konnte gar nicht aufhören und schließlich fiel er auf einen Stuhl mit ihr fest auf dem Arm und lachte immer noch.
Dann sagte er:
„Du hast ganz recht, liebes Silberfischchen, aber ich hab' überhaupt keine Lust zurückzuhauen! Ich hau' nicht gern, das weißt du ja."
„Du bist ein ganz böser Albert", sagte sie. „Der Großvater lügt nicht und du wohl."
„Das stimmt", sagte ihr Vater. „Du hast ganz recht; woher weißt du das wohl, meine überaus glückliche kleine Maus?"
Er lachte immer noch. Er guckte sie aus seinen blauen Augen an; sie glänzten wie Edelsteine in dunklen Nächten.
Dann sagte er:
„Möchtest du ein neues Wort kennenlernen?"
„Na klar", sagte sie.
„Es heißt Phantasie. Ich hab' viel Phantasie."
Das Wort war so groß und wunderschön, dass ihr das Herz stehenblieb.
„Was ist das?", fragte sie. Sie traute sich nicht, das neue Wort zu sagen. Es war noch zu neu. Viel zu neu.

„Es soll heißen, dass du damit wunderbare Geschichten erfinden kannst, und die Leute finden das schön, und manchmal kriegst du Geld dafür, und dann nennen sie das Literatur."
„Und was noch?", fragte sie.
„Ja, du schreibst etwas Wunderbares", sagte Albert und setzte sein verführerisches Sonntagslächeln auf, „und dann machen sie Bücher daraus und auf den Büchern steht dein Name."
„Hast du so ein Buch, wo dein Name draufsteht?", fragte sie.
„Nein, so ein Buch hab' ich nicht", sagte Albert und betrachtete sie nachdenklich mit seinen erstaunlichen blauen Augen, „denn so viele Seiten möchte ich nicht schreiben, dafür bin ich viel zu faul ... aber kennst du nicht so eine kleine dicke Nudel mit Marzipanohren und einem Butternäschen und einem Himbeermündchen, die das für mich schreiben könnte?"
„Ja, die kenne ich wohl", sagte sie und zog ihn an den Haaren.
„Na, siehst du", sagte Albert, „aber schreib' mir ja nicht so einen Roman wie ‚Das Kapital', denn der ist ein wahrer Albtraum."

5
Wie Hagens kleine Schwester unerschrocken und wagemutig Schlangenlinien mit ihrem Fahrrad fährt; und warum Hagen sie ganz deutlich vor sich sieht; und wie Willy, der Polizist, um das Leben der niedlichen und gemütlosen Kleinen zittert

„Wie ein Tier ohne Höhle", dachte Hagen.
Er konnte seinen kleinen Finger nicht bewegen.

„Sie singt nicht", dachte er. „Sie ist nicht da ... wo ist meine Schwester?"
Er sah sie plötzlich vor sich ... Herr, du meine Güte, auf dem Fahrrad, ohne Brille natürlich; sie fuhr auf wilde, unerbittliche Art durchs Dorf ... die kleine Träumerin, sie hatte den Geigenkasten am Lenker hängen, oh Gott, der baumelte da herum und war immer entsetzlich nah dran, in die Speichen zu geraten; vollständig ziellos, ungebärdig und durch die Gegend träumend schaute sie nach oben in den Himmel ... mit ihrem kleinen Bäckergesicht ... oh Gott, ganz simpel, unschuldig und ohne jegliches Mitleid brachte sie den sparsamen Verkehr durcheinander; Fahrräder, zwei Lastwagen, die Fleischersfrau, eine Schar Spatzen, zwei Pastoren, eine kichernde Diakonisse und das einzige Polizeiauto befanden sich vollkommen schuldlos in Gefahr, in einem unglaublichen Chaos, die Leute gackerten aufgeregt wie Hühner aus den Fenstern; sie fuhr ungerührt und stantepede weiter, ein engelhaftes Lächeln auf dem Gesicht, sie merkte überhaupt nichts, und wackelte grausam weiter auf ihrer alten Fahrradkarre, ewig mittendrin auf dem Marktplatz als ständige Verkehrsverstopfung.
„Sie singt nicht ... sie singt nicht ...", dachte er.
Er hörte eine Stimme, die sagte:
„Sie singt sehr schön, sie hat so eine schwarze Stimme."
„Meine Schwester ist in Spanien", dachte er. „Wer redet von ihr? Sie ist bei mir ..."
„Meine Beine ... ich hab' keine Beine ... ich bin nicht tot, sie hat gesagt, ich bin nicht tot ..."
„Ich bin in Pommern geboren, sie haben mir das weiße Pferdchen weggenommen, es ist in Pommern geblieben, mein Pferdchen Isolde ... die Bomben, das weiße Licht ...."
Der stille Vogel setzte sich auf sein Knie und bewegte die Flügel.

Das weiße Pferd, genannt Isolde, kam vorbei und schaute ihn an.
„Ich will schlafen ... ich soll den kleinen Finger bewegen ... ich hab' keine Hand ... die Bomben ... das Haus ... Wo ist das Haus? ... der schwarze Vogel hackt in mein Knie ..."
Plötzlich vernahm er die Stimme seiner Schwester ganz laut, sie schrie ihn an:
„You son of a bitch, heb' den kleinen Finger hoch, du Blödmann, ich knall' dir eine runter, wenn du stirbst!"
„Meine Hand", dachte Hagen, „ich hab' keine Hand ... ich soll den kleinen Finger bewegen ..."
Er sah sie deutlich vor sich, wild und unerbittlich torkelte sie auf ihrer wackligen alten Fahrradkarre durch die Landschaft, sie eierte einfach über die Kreuzung, ihre Mähne flatterte im Wind, die Leute hupten und klingelten wütend; der Dorfpolizist kannte sie nur zu gut, was für eine öffentliche Gefahr mit dem bescheuerten Geigenkasten am Lenker! Ihr Herumeiern auf dem Fahrrad war stadtbekannt, und immer ohne Brille, natürlich, ach, du liebe Güte, jetzt fällt sie gleich in eine schlammige Pfütze, noch mehr Narben am Knie, das fehlte gerade noch, warum passt sie denn nicht auf? Sie wirft gerade Oma Matischek noch eine Kusshand zu, hallo Oma, wie geht's denn so? Immer noch Probleme mit dem Rheuma, Oma? ... mein Gott, jetzt knallt sie gleich hin, ohne Brille, wie entsetzlich! Obendrein nennt sie noch Willy, den Dorfpolizisten, einen Schlawiner, wie ungerecht! Eine Seele von Mensch sondergleichen; er betet sie doch an, die ungezähmte Kreatur, er liebt sie zärtlich, und zittert ewig um das Leben der gemütlosen und ansprechenden Kleinen, und jetzt redet er ihr noch obendrein gut zu:
„Nun komm nur, meine kleine Prinzessin, ich fahr' dich jetzt schnell nach Hause. Ach, du Ärmste! Das Knie verarzten wir gleich, keine Bange, es tut nicht weh! Komm, meine Kleine, steig schön ein. Nein,

daran musst du jetzt nicht denken, ich mach' nachher die Sitze schön sauber, das ist gar kein Problem. Nein, Süße, lass jetzt mal das Fahrrad, hier, nimm nur deine Geige. Gott, welch rührender Blick! Herr des Himmels, du wirst mich noch umbringen mit deinem Herumtorkeln! Nein, natürlich bin ich dir nicht böse, nun weine mal nicht. Selbstverständlich darfst du auf die Polizeisirene drücken, immer zu! Ich soll dich morgen mit dem Polizeiauto zur Schule fahren? Was immer du willst, nur weine nicht, mein Täubchen!"
„Jetzt weint sie, das verrückte Ding ..."
Der stille schwarze Vogel auf seinem Knie flattert mit den Flügeln, er pickt wieder und wieder in sein Knie ...
„My sister my sister ..."

6
Von der leidenschaftlichen Liebe zwischen Jorinde und Joringel; von heißer Luft, und wie die Jahrhunderte vergehen, aber nicht die Liebe, die ja ewig ist

Ich
mit meinen Fingern auf deinem Gesicht
streichen leicht darüber hin
als wenn es fremde Erde sei
ich weiß
dass es
regnet regnet regnet
ich schlafe
dass ich glücklich bin

doch als ich erwachte
war mein Gesicht allein
die Stunden klopften ans Fenster
draußen
fielen die Tränen
(Warum wirfst du das nicht weg, Helene? Es ist doch schon so lange
her ...
Verzeihung, aber es sind gerade mal 100 Jahre ...
Dann ist es immer noch wahr?
Natürlich, meine Kleine ...)
es glänzt
bebt im Wind
immer
wie heute
wie vor hundert Jahren

7
Wie man in Bessarabien weder für Licht noch Wasser bezahlen musste; und warum Emma, Berta und Lena vor Schreck weinen mussten; und wieso Albert in der Morgenfrühe Käsekuchen mit Himbeerkompott essen durfte; und aus welchem Grund die Nachbarin neidisch war

Albert war ihr Vater. Sie war verrückt nach ihm, und jener Tag, der aus ihrem Leben und aus allen Kalendern, Notizbüchern und Annalen verschwunden war, jener grauenhafte Tag, an dem man ihr gesagt hatte, dass Albert gestorben war, jener dunkle und tränenreiche Tag

hatte nie existiert; es gab ihn einfach nicht und hatte ihn nie gegeben; es war nur ein schlechter und impertinenter Traum gewesen, der nie gezählt hatte und nirgendwo verzeichnet war.
Albert stammte aus einem Dorf, Neu-Saratta genannt, der deutschen Kolonie Bessarabien in Rumänien, und ihre Mutter, Lissy, aus Lauenburg in Hinterpommern. Ihre Eltern waren sehr verschieden, wahre Gegenpole, aber etwas war beiden eigen: Sie hatten nie jene Orte und Gegenden vergessen, die auf Galicisch 'a nai patria' hießen und ‚Mutterland' auf Deutsch; sie sprachen von ihren Häusern, den Ländereien und den Pferden, Rehen, Füchsen, Gänsen und Königspfauen, er vom Schwarzen Meer und sie von der Ostsee, und manchmal standen ihnen die Augen voller Tränen; es handelte sich nun mal um Gefühle, sagte ihr Vater, das war ja völlig normal, denn die Leute, die ihre Gefühle nicht zeigten und nie und nimmer weinten, die waren einfach blödes Volk, sadistisch und erbarmungslos außerdem, und die waren überhaupt zu nichts anderem nütze, als einen bloß in alle möglichen Konflikte zu verwickeln, wie etwaige abstoßende Engpässe und Zwickmühlen, die sich auf veraltete Rechnungen und auf das schändliche Einkassieren von irgendwelchen Summen, Hypotheken, Krediten und dergleichen bezogen, was für ein schändlicher Blödsinn!, sagte Albert, wenn man, sagen wir mal, in Bessarabien weder für Wasser noch Licht bezahlen musste, so versuchten die hier in dieser westlichen Einöde viehische und irrationale Summen für das Mondlicht, die Hühnerfedern und die Knochen verblichener und mausetoter Wölfe zu kassieren, immer nach dem schönen Motto: Du kriegst die Küsse und ich die Nüsse; mit mir können die das nicht machen, sagte ihr Vater, auf überhaupt keine der herrschenden Formen und Weisen, denn es stand ihm durchaus nicht der Sinn danach, für diese natürlichen Segnungen der Natur aufgeblähte Summen hinzublättern. Das ist ja vollkommen logisch und chronolo-

gisch, sagte Albert und betrachtete sie nachdenklich mit seinen bemerkenswerten blauen Augen, während er ihr die neue Strickjacke zuknöpfte, die ihr Lissy, ihre Mutter, gestrickt hatte: Sie war aus blauer Wolle mit einem gelben Rändchen und zwei Silberknöpfen aus Österreich, noch von vor dem Krieg natürlich, denn jetzt gab es sowas ja gar nicht. Es gab auch keinen Käse, zum Beispiel, und fast kein Brot, und die Leute machten sich Kaffee aus Gott weiß was für wildem und ungekämmtem braunen Kraut.

Jetzt hieß die alte Stadt Danzig, die Stadt der Goldwässer, einfach Gdansk und stand unter polnischer Verwaltung, während man von Neu-Saratta überhaupt nicht recht wusste, wie das jetzt wohl heißen könnte, aber eines war jedenfalls klar wie ein frischgewaschener Himmel: Sowohl das alte Danzig, die Stadt der Goldwässer, als auch das mythische Pommern, das alte Bessarabien und mit ihm das gefällige und ansprechende Neu-Saratta waren für immer verschwunden, und auch die Häuser und Ländereien, die der Familie gehört hatten. Viel später sollte Alberts innigstgeliebtes Bessarabien nicht einmal mehr zu Rumänien gehören; es gehörte jetzt zur Sowjetunion und hieß Moldawien, was für ein Schafsgeblöke, sagte ihr Vater, wer sollte wohl an solch eine Erdichtung glauben? Denn das berühmte Moldawien hatte ja wohl nie existiert, jedenfalls nicht so, wie es jetzt dalag, das war einfach so ein politisches Gespinst, und jetzt wollte obendrein die Einwohnerschaft des seltsamen und fiktiven Moldawiens nach und nach ihre Stimme ertönen lassen, denn nun war es ihr in den Sinn gekommen, dass sie weder hierhin noch dorthin gehört, vielmehr sprach man jetzt von einer unabhängigen Republik. Na, Prost Mahlzeit, sagte Albert, jetzt konnte man sich da schon gar nicht mehr blicken lassen, nichts war mehr wie einst, auch wenn es sehr wahrscheinlich war, dass da immer noch die Häuser und die Ländereien am gleichen netten Fleck standen und lagen, aber das hatte jetzt weder Sinn noch Wert und es lohnte sich auch gar nicht, sagte Albert, sich noch um die Ländereien der Familie zu sorgen: Das waren jedenfalls nicht mehr seine Belange. Albert meckerte ständig an den Feldern in Westdeutschland herum, er behauptete, dass diese ja so winzig seien und so etwa den Zuschnitt eines Kopfkissens hätten, und man musste sich furchtbar abmühen und buchstäblich totarbeiten wie ein Sklave, eine ganz beklagenswerte Geschichte, und kaum war man einmal um die Ecke gegangen, da waren die Felder bereits vertrocknet, ausgelaugt, völlig zerfurcht oder halb versumpft und verfault, Herr des Himmels und der Krume, sagte Albert, jener ekle Schlamm, in dem sich Giftschlangen suhlten und häuteten, wobei sie einen anstarrten, welch knisternder Blick!, wirklich ein sehr krauses Phänomen.

Alles war hier so kleingestrickt, sagte Albert, kaum hatte man sich auf's Pferd gesetzt und war einmal flott um die Ecke galoppiert, da war man schon wieder zu Hause angekommen, und ohne Unterlass glotzten Dutzende von neugierigen Augen aus den Fenstern und wussten immer, wo einer sich gerade aufhielt, man hatte keinen ruhigen Augenblick, was für ein unglückseliges Menschengewimmel!

Was nun die Felder und Ländereien in Pommern und Bessarabien betraf, sagte Albert, da sah man logischerweise weder das Ende noch den Anfang; sie waren unendlich wie ein riesiges Meer, und der Weizen schoss in die Höhe wie hier bloß die Brennnesseln, und man konnte tausend Stunden durch die Gegend galoppieren und kam doch nie ans Ende; und niemand wusste je, wo er, Albert, sich gerade aufhielt, was für ein großes Glück! Alles war so weit weg, so groß und breit, unendlich und prächtig, es gab nur ein paar Leutchen, Gott sei Dank, und wenn man mal wegen eines unvermeidlichen Geschicks zufällig ganz spät nach Hause kam, so ums Morgengrauen herum, da konnte man sich ja immer noch eine geheimnisvolle und möglichst grausige Geschichte erfinden, in der zwei gottlose und blutrünstige Wölfe die Hauptrolle spielten, oder man organisierte eine feierliche Heimkehr und erschien triumphierend mit einem Lorbeerkranz auf dem Haupt und einem toten Fuchs über der Schulter, den man auf dem Heimweg erlegt hatte, und Emma, Berta und Lena begannen, sich um das Fuchsfell zu streiten, denn sie waren scharf auf Pelzmäntel. Sie vergaßen Albert völlig und kreischten und quiekten herum, und wenn man sich obendrein ein wenig Fuchsblut ins Gesicht und auf die Hände geschmiert hatte und sich kurz mit einer Brombeerranke über das Kinn gefahren war, damit man ein paar prächtige blutige Kratzer vorweisen konnte, so war der Empfang noch ansprechender und auf jeden Fall triumphal, sagte Albert, denn Emma, Berta und Lena weinten vor Schreck und liefen eilig in die Küche, um ihn mit einem großen Teller Käsekuchen und Himbeerkompott zu beglücken, und dann füllten sie die Badewanne mit heißem Wasser und gaben noch Lavendel dazu, armer Albert, ein wahrer Segen für das Haus, wenn Albert was hat, haben alle was davon; der Schönste von allen Jungen und der Mutigste obendrein, unglaublich schlau, so einen gab es nicht noch mal; oder existierte vielleicht ein anderer Knabe mit so unglaublichen blauen Augen? Selbstverständlich nicht, das war schon mal ganz klar; nicht mal ein Himmelsengel konnte so wunderbar und vollkommen sein; er hatte ja einzig und allein das Glück und die Güte seiner Schwestern im Sinn.

Und wenn er zum Beispiel ein paar Dutzend Eier ausfindig machen konnte, die zufällig mehrere freundliche Hühner seiner Mutter irgendwo fallengelassen hatten, und von deren Existenz niemand auch nur die geringste Ahnung hatte, konnte man die immer noch ganz gemütlich irgendwo verkaufen und schließlich in ein Wirtshaus reiten, wo man ein paar Gläschen Wein zu sich nahm und mit allerlei Freunden schließlich ein paar russische Kosakengesänge trällerte, das war überhaupt kein Problem, sagte Albert, denn Emma, Berta und Lena nahmen es ja heldenhaft und ohne irgendwelche Nachsicht zu üben mit jeder Nachbarin auf, der eventuell der Sinn danach stand, sie über etwaige Lausbübereien ihres Bruder zu unterrichten. Sie glaubten ihr kein Wort und fielen empört über sie her, kreischend wie ein paar Königspfauen, sie spien Gift und Galle und nannten sie Lügenmaul und Quacksalberin; Albert hatte also Hühnereier geklaut, und noch dazu aus seiner eigenen Scheune? Das war ja eine tolle Nachricht; es war wohl hinlänglich bekannt, dass es so einen feinen und gebildeten Knaben nicht noch mal gab, da konnte man meilenweit reiten, um auf ein solch tiefgründiges und feinsinniges Wesen zu stoßen, und allerdings war es ganz offensichtlich, dass sie, die Nachbarin, einfach neidisch war, und man würde ja noch sehen, wie sie mal enden würde, eine solche Giftschlange und Herumschleicherin, sehr wahrscheinlich direkt im Höllenfeuer wie ein Roastbeef von einem störrischen Ochsen; und sie empfahlen ihr, sich in die Kirche zu begeben, um eine Reihe von Gebeten zu verrichten, sie hatte es ja wohl bitter nötig, ihre Sünderseele zu reinigen, die düstere Seele einer wahren Schlunze und schlangenhaften Heuchlerin.

8
Wie Hagen erfährt, dass er nicht tot ist; und davon, dass seine Schwester mit einer schwarzen Stimme singt, um ihn aufzuwecken

„Ich muss meinen kleiner Finger bewegen", dachte er.
Seine Schwester sang nicht; unschuldiges Bäckerinnengesicht.

„Hagen, jetzt reicht's aber, wach auf, du weißt doch, dass du nicht tot bist, willst du mich etwa vergackeiern?"
„Hagen!"
„Bitte, Hagen, lass mich nicht allein, du hast da hinten gar nichts zu suchen, mach die Augen auf, bitte ... sag mir doch was ... Hagen, weißt du, wer ich bin? Ich bin deine Schwester, Hagen, gib mir ein Zeichen ... bitte, beweg den kleinen Finger ... sei nicht so blöd, beweg den kleinen Finger ... bitte sag doch was ..."
Ein weißer Kittel sagte:
„So geht das nicht weiter, die ganze Nacht hindurch, und dazu noch den ganzen Tag ... das geht nicht, Sie müssen etwas schlafen ..."
„Nein, bitte nicht, nein nein ... ich kann nicht schlafen, inzwischen stirbt der Hagen ... geben Sie mir lieber Sauerstoff."
„Sie haben so eine schwarze Stimme", sagte die Krankenschwester während sie ihr die Sauerstoffmaske aufsetzte, „wie schön Sie singen ..."

9
Wie Lissys musikalische Bewegungen den stets und ständig erbosten tschechischen Geiger entzückten; und warum Lissy und der kleine Hagen nicht mit der ‚Wilhelm Gustloff' gefahren sind

Lissy war ihre Mutter; sie war etwas ganz Besonderes; es gab niemanden wie sie. Sie spann nicht herum wie Albert; sie fing mit einer ganz normalen Begebenheit an und nach und nach stieg die Temperatur der Geschichte wie ein Fieber, bis sie aus dem Lot geriet, wie

die Alpengewässer, und sich irgendwann in ein so surrealistisches Gespinst verwandelte, dass die Leute vor Lachen platzten und gar nicht mehr aufhören konnten. Meistens wussten sie später nicht mehr so recht, warum sie sich vor Lachen so gekringelt hatten; ebensowenig waren sie fähig, ganz alleine die Geschichte wiederzuerobern und den anderen klarzumachen, wieso die reizende Schwadronade so ungewöhnlich komisch war und vollständig aus dem Rahmen fiel.
Lissy sagte unschuldig:
„Ich weiß gar nicht, wovon ihr redet ... was? Dass ich euch was erzählt hab'? Ich kann mich gar nicht erinnern, das war bestimmt nicht ich. Ich bin ja überhaupt nicht witzig, das ist sicher hinreichend bekannt. Außerdem hab' ich jetzt wirklich keine Zeit, ihr müsst mich entschuldigen ... Der Garten sieht mal wieder aus ... da wächst alles durcheinander ... Der Kompost ist eine wahre Tragödie, mal sehen, wie ich den wieder in Ordnung bringe ..."
Lissy war eine ganz besonders feine Erscheinung, so würdevoll und lieblich zugleich, dass sogar der tschechische Geiger, der stets und ständig mit den Russen, dem Symphonieorchester und dem deutschen Land haderte, wie mit einem Federstrich sein kriegerisches Erscheinungsbild wandelte, und anfing zu lächeln wie ein unbescholtener Hammel kurz vor seiner Opferung, sobald Lissy leichtfüßig auf der Bildfläche erschien.
„Guten Abend, meine Dame."
Er musste nicht erst aufstehen, denn als erster Geiger stand er ja bereits, aber seine Reverenzen verblieben für immer im Gedächtnis des Orchesters wie eine glänzende Reihe von musikalischen Bewegungen.
Lissy lächelte und packte ihre Bratsche aus. Sie lächelte sehr häufig, obwohl das Lächeln manchmal etwas traurig war. Ihre drei Kinder wussten genau, woher das kam: Es kam vom Krieg, von dem gräßli-

chen Krieg, von dem grauenhaften Ungeheuer, das unschuldige Säuglinge, Kinder und große Leute verschlungen hatte, vor dem man solche Angst und Bange hatte, und das den Hunger und die Traurigkeit mit sich brachte.

Lissy redete immer noch viel vom Krieg, es war schon so lange her, fast zehn Jahre, stell dir mal vor!, dass der bekloppte Krieg zu Ende ging, sagte Hagen, warum redeten die immer noch so viel davon, wenn es doch so schrecklich war und sie so gelitten hatten, unter den Bomben und mit so vielen zu Eis gefrorenen Toten?

Lissy hatte ihnen erzählt, dass sie alles verloren hatten im Krieg, ihre Häuser und die Ländereien, in Pommern und auch in Bessarabien. Sie mussten ihre Heimat verlassen und mit allen ihren Sachen in Planwagen davonfahren, mit den Säuglingen und den Kindern. Lissy dachte immer noch an ihre Puppe, die sie im Schnee sitzen lassen musste, denn sie wollte lieber Leute einsteigen lassen und dazu brauchte man mehr Platz; es war eine große Puppe aus Porzellan, eine Babypuppe mit dem rührenden Gesicht eines kleinen Jungen; er hieß Willy wie der Dorfpolizist, und trug Winterkleider, ein Mützchen und Handschuhe und einen Schal, kalt war es dem armen Willy bestimmt nicht, sagte Hagen, er war schön warm angezogen bei zwanzig Grad unter Null.

Als die Russen im Jahre 1945 in Pommern einmarschierten, war Lissy schon nicht mehr da, und er, Hagen, neun Monate alt, auch nicht; sie flüchteten mit den letzten Schiffen, die aus Pommern noch herauskonnten. Eigentlich war es ja anders gedacht, sagte Hagen, sie hatten ja den Plan, mit der ‚Wilhelm Gustloff' wegzufahren, es war ein riesengroßer und sehr sicherer Vergnügungsdampfer; er gehörte der Reiseorganisation der Nazis, da passten etwa sechstausend Leute rein, sagte Hagen, wenn auch schließlich viel mehr Leute einstiegen,

am Ende waren es etwa zehntausend, von denen an die viertausendfünfhundert Babys und Kinder waren.
Da hatten sie noch Glück, dass sie nicht mit dem Schiff gefahren waren, sagte Lissy, denn die ‚Wilhelm Gustloff' ging am dreißigsten Januar 1945 mit zehntausend Leuten an Bord unter, da konnten sich nicht viele retten, sie war von einem russischen U-Boot torpediert worden, im eiskalten Wasser der Ostsee, dreizehn Meilen von der Küste entfernt, kurz nachdem sie in Danzig abgelegt hatte.
Als sie endlich auf eines der letzten Schiffe kamen, war das schon ein sehr kritischer Augenblick; es war vollkommen unmöglich, auf irgendeine Weise noch in den Westen zu gelangen, und in Pommern zu bleiben bedeutete den sicheren Tod. Wenigstens hatten die Nazis denen nichts gesagt von dem Untergehen der großen Schiffe und Tausenden von Toten, sagte Hagen, denn dann hätten sie alle zusammen noch viel mehr Angst gehabt und mehr gezittert.
„Aber was ...", sagte Heiner, der mit einem Holzzug spielte und dessen Fragen immer so klangen, als sei er gerade aus einem langen deutschen Mittagsschlaf erwacht, „aber was ist denn mit dem Schiff passiert?"
„Ja, das wurde von einem russischen U-Boot torpediert", sagte Hagen, „und da sind Tausende von Kindern umgekommen, und Tausende von Müttern und Großmüttern, und das war eine große Ungerechtigkeit, es gab auch verwundete Soldaten, und die meisten waren Flüchtlinge und Vertriebene."
„Der Krieg ist ungerecht und die Menschen sind grausam, weil sie einen Krieg angefangen haben", sagte Lissy, „sollen wir nicht lieber das Radio anmachen, statt von so traurigen Geschichten zu reden?"
„Du redest ja immer vom Krieg", sagte der Kleine.

„Quatsch kein Blech", sagte Hagen und betrachtete seine Mutter voller Bewunderung; er ließ nichts auf sie kommen. Lissy war seine Heldin.
„Geh und scheuer die Treppe, heute bist du dran. Und guck nicht wie ein dreifaches Lamm, das gleich anfängt zu wimmern und zu heulen."
Heiner scheuerte wirklich nicht gerne Treppen.
„Vergiss ja nicht, mein Lieber, dass du 'ne Nase hast wie 'ne orangene Mohrrübe", antwortete er muffig.

10
Warum Hagen das weiße Licht der Bomben nicht sehen will, und wie Albert aus dem Krieg abgehauen ist; warum der Buick Pappe an den Fenstern hatte; und wie Hagens kleine Schwester eine ganze Tüte voll Lakritz kriegt

„Hagen, weißt du noch, wie du Alberts alten Buick genommen hast und damit in die Garage gefahren bist? Du warst vier Jahre alt, was für ein tollkühnes Bürschchen! Komm, komm hast du zu mir gesagt, so lustig wie ein Kuckuck, komm mit, wir fahren ein bisschen Auto ... und uns ist nichts passiert, aber Lissy hat sich ganz schön erschrocken ..."
„Lissy ... meine Mutter ... meine Mutter ist in Pommern ... ich bin in Amerika ..."
Er spürte eine Hand ganz nah, eine Hand, die ihn berührte.
„Ich will die Augen aufmachen ... meine Hand ... ich will den kleinen Finger bewegen ... meine Schwester sagt, ich bin nicht tot ... bei mir

ist der schwarze Vogel ... das weiße Licht ... das Bombenlicht ... am Ende des Tunnels ... ist ein weißes Licht, guck nicht hin, guck nicht hin ..."

„Hagen", sagte seine kleine Schwester, „kannst du mich hören? Ich bin bei dir, stirb nicht, Hagen, bitte ... bitte, bitte stirb nicht .... bitte stirb nicht ..."

„Hagen, ich weiß nicht ... aber der Buick hatte was an den Fenstern, da waren keine Fensterscheiben drin ... die hatten da was drübergemacht ... könntest du nicht deinen kleinen Finger bewegen, Hagen? Gib mir ein Zeichen, lass mich hier nicht so lang allein ... du darfst nicht sterben ... jetzt nicht ... jetzt, wo sie sagen, dass Albert tot ist ... nein, Hagen, glaub's ja nicht ... wie kann Albert tot sein! So ein Blödsinn, nein, hab' keine Angst, du weißt ja, wie er ist ... manchmal verschwindet er einfach ... wahrscheinlich ist er in einem Krankenhaus ... und tut so als hätte er einen Herzinfarkt oder so was, das wär ja nicht das erste Mal ... oder er ist auf den Bahamainseln und hat weiß Gott was für struppige Geschäfte dort angezettelt, was weiß ich denn ... du kennst Albert doch, wahrscheinlich hat er das alles so gut organisiert, dass sogar der Staatsanwalt angefangen hat, an seinen Tod zu glauben, und mit ihm die ganze Bande von Geiern und Schurken, die sich an ihre Posten klammern wie Marder, die Polizei, die Tintenkraken, der Richter, die Anwälte, das Beerdigungsinstitut ..."

„Hagen, hörst du mich? Bleib bei mir, Hagen ..."

„Der Buick", dachte Hagen, „hatte keine Fensterscheiben, die waren aus Pappe oder Holz ... es gab ja gar keine Fensterscheiben nach dem Krieg ... die Bomben fallen ..."

„Hagen", sagte seine Schwester, „das alte Lied vom Maikäfer ... kennst du es noch? Wir dachten immer, dass es sich um unser Hinterpommern drehte ... das verlorene Pommern nach dem Zweiten

Weltkrieg ... aber in Wirklichkeit ist das ja ein Lied aus dem Dreißigjährigen Krieg ... Pommern war sicher völlig zermatscht nach dem Krieg ... nach einem so langen Krieg ... dreißig Jahre ... unser Krieg hat bloß sechs Jahre gedauert ..."

Maikäfer flieg
dein Vater ist im Krieg
deine Mutter ist im Pommernland
Pommernland ist abgebrannt
Maikäfer flieg

„Meine Mutter ist in Pommern", dachte Hagen, „meine Mutter heißt Lissy ... mein Vater ist im Krieg, Pommernland ist abgebrannt, mein Vater ... Albert war ganz bestimmt nicht im Krieg ..."
„Hagen", sagte seine Schwester, „ich weiß nicht, wie Albert das fertiggebracht hat, aber er wollte nie in den Krieg, er schlich sich einfach weg ... er lief hin und her zwischen den Fronten ... er konnte ja Russisch, Rumänisch und Deutsch, die wussten nie recht, wer er war; wenn's ihm ungemütlich wurde, haute er einfach ab, du weißt ja, wie geschickt Albert ist ..."
Seine Schwester fing an zu weinen.
„Ich weiß nicht, wer da weint", dachte Hagen, „mein Vater war zwanzig Jahre alt im Krieg ... meine Hand ... ich will meinen kleinen Finger heben ... ich kann nicht ... wo ist meine Schwester?"
Er fiel in ein lautes schwarzes Loch ... er würde ersticken ... ohne Hände ... er konnte nicht ... er konnte nicht schwimmen ... die Stimmen ... der schwarze Vogel bewegte seine Flügel, da waren schon die Bomben ..."

„ ...erst ein Pfeifen ... ganz stark ... ein grässliches unerträgliches Pfeifen ... der Wind ... kalt ... ein schrecklicher Krach ... das Licht, das Licht, das weiße Licht der Bomben ..."
Seine Schwester gab ihm einen Kuss.
„Hagen", sagte sie, „Hagen, ich bin bei dir, mach nicht so ein Gesicht, auch wenn du eigentlich immer gleich aussiehst, du hast immer ein Gesicht wie eine Mumie, jetzt musst du keine Angst mehr vor den Bomben haben ... es gibt keinen Krieg mehr, Hagen ... der Krieg ist schon seit langem zu Ende ... hab' keine Angst ... ich geh' nicht weg ... ich bleib' immer bei dir ..."
Hagen sah seine Schwester ganz klar vor sich, er hatte sie so lieb, ganz lieb ... was für ein verwöhntes Ding! ... sie guckte nach oben und suchte nach dem Mond, um drei Uhr nachmittags ... was für ein ungereimtes Unternehmen! ... die Kleine konnte ohne Brille doch sowieso nichts sehen!, ewig suchte sie den bedeckten Himmel ab nach merkwürdigen Dingen und Zeichen und zu solch einer absurden Zeit ... sie machte sich überhaupt nichts aus dem Verkehr, die Autos fuhren vorbei: Mit großem Krach knallte die zitternde Kreatur vom Rad; da saß sie nun auf der Erde und schluchzte bitterlich ... aus der Apotheke kam Onkel Richard gelaufen und rieb ihr Knie mit Pomade ein und klebte was drauf ... und hatte eine ganze Tüte mit Lakritz dabei! Es war jedermann bekannt, dass die dogmatische Kreatur nach Onkel Richard und seinem Lakritz verrückt war ... welch exquisiten Geschmack besaß die Kleine! ... ständig hatte sie Lakritz dabei ... obwohl die Apothekersleute fünf Adoptivkinder besaßen, die, wie sehr sie auch geliebt wurden von ihren Adoptiveltern – die Jungen Bubeli, Ulli, Martin und die beiden Kleinen, die energischen und ausgesprochen soliden Zwillinge Gisela und Gertrud – nicht mal in einem Monat alle zusammen soviel Lakritz bekamen wie jene engel-

hafte und penetrante Kreatur an einem einzigen Tag; alle fünf ärgerten sich krank über deren Fisimatenten:
„Also die kann einen wirklich zum Wahnsinn bringen!", schrieen die Zwillinge. „Die hat 'se wohl nicht alle! Wieso kriegt die immer Lakritz, bloß weil sie auf der alten Karre ohne Brille 'rumeiert und noch dazu mit der Geige am Lenker!"
„Was für ein fanatischer mit Blindheit geschlagener Fratz auf der verlotterten Karre!", sagte Bubeli, der Älteste, der einen perfekten Rabbiner abgeben würde, und rückte seine Brille auf der weisen Nase zurecht. „Obendrein wird diese Landplage von Göre noch regelmäßig gelobt für ihre Flausen und belohnt für ihre Katerideen! Nennt sich das wohl Gerechtigkeit?"
„Hagen", sagte seine Schwester, „wenn du mir ein Zeichen geben könntest ... bitte, würdest du das tun? ... beweg doch deinen kleinen Finger ... ach, lass mich doch nicht allein, wach auf, ich weiß doch, dass du nicht tot bist ..."
„Du sollst singen ... ich träume ... der schwarze Vogel ... ich ... ich bin nicht tot ... sing ... lass mich nicht sterben ..."
„Hier bin ich doch ..."
„My sister, my sister, come sing my sister ..."

11
Davon, dass Jorinde stundenlang gelitten hat, weil er dachte,
dass Joringel ihn nicht mehr liebte; und warum die Nacht
dunkelblau hereinbrach

Den ganzen Abend
ein sarkastischer
Krieger
Wikinger
dann schlug es zwölf
sein Gesicht wurde rein und friedlich
wie die Morgenfrühe
und er flüsterte:
sag mir wer hat von meinem Tellerchen gegessen
sag mir wer hat in meinem Bettchen geschlafen
sag mir wer hat sich mit roten Blumen geschmückt
und
er ergriff meine Hand

12
Warum Mädchen Luchsaugen haben; wie Ernst Hofmann
Deutscher und Jude ist; und auf welche Weise Weinen sehr
glorreich sein kann

Ihre Hand lag auf Hagens kaltem Gesicht.
Draußen spielte der amerikanische Frühling mit den weißen Wolken;
ihr Bruder wollte nicht aufwachen.

„Hagen", sagte sie, „kannst du Isolde sehen, dein weißes Pferdchen?"
Sie fing an, ein Lied auf Galicisch zu singen.
„Ach, vielleicht", dachte sie, „vielleicht kommt hier ein Galicier vorbei und redet mit mir, die Galicier sind doch überall ..."
Hagen sah wie tot aus.
Sie trocknete ihre Tränen an seinem Bettzeug.
Ein lächelnder Arzt kam herein, mit weißen Haaren, er gab ihr ein Taschentuch und sagte auf Deutsch:
„Kann Hagen diese Gesänge verstehen?"
„Er kann überhaupt nichts verstehen!", schluchzte sie, „ganz egal in welcher Sprache!"
„Ich hab' gehört, du glaubst nicht an den Tod", sagte er.
„Wer bist du?", fragte sie.
„Ich bin Ernst Hofmann aus Hannover, Niedersachsen", sagte er in einem sehr ernsthaften Deutsch und stellte den Kasten mit Papiertaschentüchern vor sie hin. „Weine nur ruhig weiter, du kannst das so schön; du wirst schon sehen, wie er aufwacht ... du weinst so herrlich, du könntest noch einen Preis gewinnen, wirklich ein ganz wunderbares Weinen!"
Er strich ihr über den Kopf wie eine Mutter ihr ungezogenes Kind streichelt, das mit dem Weinen gar nicht aufhören kann.
„Ich bin hier schon oft vorbeigekommen", sagte er, „und da hab' ich Geschichten und Lieder gehört, in welcher Sprache hast du denn eben gesungen?"
„Auf Galicisch", sagte sie und nahm noch ein Taschentuch, „er versteht die Sprache überhaupt nicht ... das ist ja egal, ich sing' einfach auf Galicisch, aber jetzt ist alles so düster und leer ... ich weiß gar nicht mehr, wo ich bin und auch nicht, wo Hagen ist ... ich weiß gar nichts mehr, er hört mich nicht, er gibt mir gar kein Zeichen, guck

ihn doch mal an, wie er aussieht ... wie eine Mumie ... ein Zombie ... ich würde so gern mit einem Galicier reden ... Hagen ist sicher tot ..."
Ernst Hofmann zog einen Stuhl heran und setzte sich. Er guckte sie an.
„Ist dir vielleicht mit einem Deutschen gedient?"
„Ja, natürlich", sagte sie, „na klar ..."
„Nun hör mir mal zu, von mir aus weine nur, aber red nicht so von Hagen", sagte er, „also so richtig tot ist er nicht, das weißt du doch und du weißt auch ganz genau, dass wir dir von Anfang an gesagt haben, dass überhaupt keine Hoffnung besteht, nicht ein Fitzelchen ... Trotzdem bin ich jetzt nicht mehr der Einzige, der glaubt, dass Hagen eine winzigkleine Möglichkeit hat, wieder aufzuwachen ... ich habe gerade mit den Chirurgen geredet. Das Gehirn ist dermaßen geheimnisvoll ... wir wissen eigentlich gar nicht viel darüber. Was wir aber wirklich jetzt wissen, nach so vielen Stunden und Tagen, in denen du unentwegt mit ihm geredet hast und ihm was vorgesungen hast, ist, dass du etwas in ihm bewegt hast ... Du kannst ruhig weiter weinen, ich hab' noch nie jemanden gesehen, der so schön weinen kann wie du ... außerordentlich exquisit!"
„Ich weiß", sagte sie, „mein Vater hat das auch immer gesagt, und dass sie mir ganz bestimmt einen Tag einen Preis dafür geben würden, als Maria Magdalena ..."
„Siehst du", sagte Ernst Hofmann, „bloß dass die Dame noch viele andere Verdienste hatte ..."
Sie ließ Hagens Bettzeug los und sagte:
„Du bist Jude."
„Natürlich", sagte er und gab ihr einen Kuss, „aber darf man mal erfahren, woher du das weißt?"
„Es ist die Art und Weise zu reden", sagte sie.
„Was noch?"

„Dein Lächeln ... es ist so altertümlich."
„Ihr Mädchen habt ja alle Augen wie Luchse, das ist schon mal klar", sagte Ernst Hofmann.
„Ich bin aber doch schon vierzig Jahre alt ..."
„Du siehst immer noch so aus wie ein wildes Ding von dreizehn Jahren mit einem Bäckergesichtchen; oder soll ich dir mal einen Spiegel bringen?"
„Du hast mich belauscht."
„Na klar, und die Idee mit dem Sauerstoff war auch von mir, denn du konntest oder wolltest ja nicht schlafen. Du wirst schon sehen, wie er aufwacht, und vielleicht kommt Albert auch wieder, wer weiß ..."
„Versprich's mir", sagte sie.
„Versprochen", sagte Ernst Hofmann aus Hannover, Niedersachsen.
„Und du ... wieso weißt du das von meinem Vater?"
„Ich bin ja nicht taub, meine Liebe ... ich komm' hier ab und zu vorbei und du redest ja die ganze Zeit ... es ist unvermeidlich. Außerdem ... außerdem hab' ich nie an euch kleine Leutchen gedacht ... wie du ... an die, die nach dem Krieg geboren wurden ..."
„Ich bin 1945 in München geboren", sagte sie.
„Zwei Deutsche", sagte er. „Ich wurde 1925 in Hannover geboren; wir sind 1932 aus Deutschland weggegangen."
„Wo zwei Deutsche sind, da ist immer ein Dritter dabei", sagte sie.
„Der Dritte ist tot", sagte Ernst.
„Du hast so einen schönen tiefen Blick", sagte sie.
Ernst umarmte sie und sagte:
„Ruf mich, wenn du mit mir reden willst. Und weine immer schön, du weinst wahrhaft glorreich ..."

13
Wie Lissy vom Krieg erzählt hat; warum Hagen mit einem schwarzen Brikett ins Konzert ging; und von Bökelheide, der nach Moskau fahren musste, um einen Kontrabass zu kaufen; aus welchen Gründen eine Taube Rosa Luxemburg hieß, und warum das Publikum geheiligt ist

Lissys Freundinnen und Nachbarinnen hatten die verschiedensten Berufe: Sie waren Bibliothekarinnen, Apothekerinnen, Musikerinnen, Masseusen, Theologinnen, Bäckerinnen oder Fürsorgerinnen, Bäuerinnen, Hausfrauen und Lehrerinnen; es war auch eine Malerin dabei und ein Wunder von Frau, die eine Druckerei leitete. Lissy hatte in Berlin studiert, zuerst am Pestalozziinstitut, wo sie Pädagogik studierte und gleichzeitig eine Ausbildung zur Schreinerin machte, und schließlich studierte sie Flöte, Bratsche und Klavier an der Musikhochschule. Die Welt war voll von Frauen, die hart arbeiteten, im Haus und auch auswärts, sie wussten eine Menge; beinahe alle hatten einen Garten, und reparierten und machten alles heil, was so kaputt ging; sie lernte immer etwas Neues, auch wenn sie bloß ihren Unterhaltungen folgte, ohne sich einzumischen, während sie in einer Ecke, unter dem Teetisch oder dem Spinett saß, sie wusste, dass immer etwas Interessantes für sie dabei war, auch wenn sie noch klein war. Alle hatten ihr eigenes Geld, kauften ihre Möbel und das erste Radio in den fünfziger Jahren, sie unternahmen Reisen und wenn man etwa Strümpfe brauchte oder Gurkenmilch fürs Gesicht, ein paar Schrauben für die Blumenpresse, oder ein Buch, dann waren sie es, die ihr Portemonnaie zückten und man sah nie jemanden mit beklommenem Gesicht um Geld fragen, und noch dazu jeden Tag aufs Neue:
„Pepe, gib mir Geld für den Markt."

Und in ihrem Spanien, in das sie in den sechziger Jahren wie ein Apfel in einen magischen, grausamen und altmodischen Garten gefallen war, fing der besagte Pepe an zu dampfen und versank in einer Art Zuckungen, er setzte ein gründlich angewidertes Gesicht auf, um schließlich sein Portemonnaie herauszuziehen ... unendlich langsam wie eine Ringelnatter im Winterschlaf ... dann wurde das geöffnet und wieder geschlossen, ganz fest diesmal, und dann räusperte er sich und hustete kläglich vor sich hin, und warf einen weiteren Blick auf die Geldbörse, und wenn noch irgendein männliches Wesen zufällig dabeistand, dann warf er jenem einen Blick zu, als sei er, Pepe, ja ein armes Osterlamm, das jetzt ausgeblutet werden müsse, und unter Zuckungen fing er an zu schwitzen, und präsentierte schließlich ein Taschentuch, selbstgenäht, bestickt, gewaschen, an der Sonne oder bei Mondlicht gebleicht und gebügelt von Maria, fuhr sich damit übers Gesicht und die vollständige oder beginnende Glatze, und schließlich, gepresst und in höchster Verzweiflung, ohne dass er auch nur drei kleine Münzen aus seiner kostbaren Schatulle gezogen hätte, brachte er vollständig deprimiert und mit all der pompösen und falschen Entrüstung eines Geizkragens und Pfennigfuchsers, der sein ärmliches und falsches Zepter über seiner Frau schwingt, die viel edler ist als er und es ihm nie mit gleicher Münze heimzahlen würde, zu guter Letzt den ewig gleichen und verletzenden Satz heraus:
„Aber ... aber hast du denn schon wieder alles ausgegeben, Maria?"
Und die so angesprochene Maria blickte vollständig gestresst, obwohl das Wort ‚Stress' im Spanien der sechziger Jahre überhaupt noch nicht existierte.
In ihrem aufgeregten Deutschland der sechziger Jahre redeten die Männer genausoviel wie in allen Ländern des Planeten, weitaus mehr als die Frauen, aber sie wurden öfter unterbrochen:

„Würdest du mich bitte mal ausreden lassen?" ...während man in ihrem archaischen und grausamen spanischen Garten ständig so ungebügelte, wildwachsende, unverschämte und wirre Sätze hören konnte wie:
„Aber sei doch still, Maria, was redest du denn da, Mädchen."
Von klein auf hatte sie sagen hören, dass Deutschland vor allen Dingen von den Frauen wiederaufgebaut worden war, Stein um Stein, Haus um Haus.
Lissy und ihren Freundinnen war klar, dass es vor allem die Frauen gewesen waren, die diese Arbeit verrichtet hatten, und dass sie das Land, welches nach dem Krieg vollständig kaputt und in Schutt und Asche lag, aufgeräumt und so schön wie möglich gemacht hatten.
Lissy erzählte ihnen, dass sie gleich im Jahre 1946 die ersten Kammerkonzerte gegeben hatten, und dass die Leute ihren Eintritt mit Briketts bezahlten, denn ohne diesen Eintritt, da hätte man gar nicht Bratsche spielen können, und auch das Klavier nicht stimmen und auch sonst überhaupt nichts, sagte Lissy, denn es war zu kalt; der Winter 1946 war tödlich, sagte sie, und als sie am ärmsten waren und am wenigstens hatten, weder genug zu essen noch Kleider noch sonst irgendetwas, da griff das Wetter sie an wie ein wildes Tier, mit soviel Schnee und Eis ... das ganze Land schien eingefroren, und vom Essen wollen wir lieber gar nicht reden, sagte Lissy. Die Musik war damals wichtig wie noch nie, sagte Lissy, und obwohl alles so hart und kalt war, so waren sie doch glücklich, denn sie waren ja wenigstens lebendig, und der Krieg, der schreckliche Krieg, war am achten Mai vorigen Jahres zu Ende gegangen.
Hagen hatte die Erzählung von den Briketts als Eintritt so beeindruckt, dass er im Sommer 1951, als er gerade sieben Jahre alt war, bei einem Konzert mit einem Päckchen erschien (er hatte dazu zwei

Seiten aus seinem Rechenheft gerissen) und sie dem Mann aushändigte, der die Eintrittskarten abriss.

„Bitteschön, Paul", sagte Hagen. „Vergiss nicht, dass du mir eine Brieftaube versprochen hast. Ich hab' schon einen Namen für sie."

„Da musst du schon bis zum Frühling warten, Hagen", sagte Paul. „Was bringst du mir denn hier?"

„Das sind die Briketts für den Eintritt", sagte Hagen.

„Es sind zwei, eins für meine Schwester, das andere für mich."

Paul nahm das Paket an und bedankte sich.

„Ich dachte schon, dass wir heute nicht genug zum Heizen hätten", sagte er. „Vielen Dank, Hagen, und nun geh dir mal die Hände waschen."

Die Tinte der Seiten aus dem Rechenheft war eine sehr unheilige und klebrige Allianz mit der Kohle eingegangen.

„Soll ich dir das Lied vom Koks vorsingen?", fragte Hagen eifrig.

„Schieß mal los", sagte Paul.

Und Hagen sang begeistert ein Berliner Lied aus den Zwanziger Jahren:

„Mutter, der Mann mit dem Koks ist da.
Ja, mein Junge, das weiß ich ja.
Ich hab' kein Geld,
du hast kein Geld;
wer hat denn den Mann mit dem Koks bestellt?"

„Das hast du aber schön gesungen", sagte Paul. „Nun sag mir mal den Namen, den du für die Brieftaube hast."

„Rosa Luxemburg", antwortete Hagen.

„Eine großartige Frau, jawohl", sagte Paul.

„Ganz richtig", sagte Hagen, „und da sie ja schon tot ist, hab' ich mir gedacht, dass beide zusammen so richtig nett durch die Wolken fliegen können."

Hagen ging mit seiner kleinen Schwester in den Saal; sie setzten sich in die erste Reihe, genau neben den Bürgermeister, der Mensch bemerkte das gar nicht, denn in den fünfziger Jahren war es nicht leicht für einen Politiker, sich vom gemeinen Volke abzuheben; da musste man schon ein selbstzufriedenes Gesicht aufsetzen und sich aufplustern voller Wichtigkeit. Im Spanien der sechziger Jahre gab es eigentlich keine richtigen Politiker, denn die waren im Gefängnis, tot, emigriert oder nicht sichtbar, wenn auch jene Leute, die das Land regierten, ohne dass jemand sie gewählt hatte, einen ähnlichen Ausdruck im Gesicht trugen; den Glanz der Auserwählten und Höherstehenden, die sich berufen fühlten und für etwas Besseres hielten. Sowohl die einen als auch die anderen redeten ohne Unterlass vom Volk, ganz so, als gehörten sie selbst nicht dazu.

Nach dem Konzert unterhielten sie sich mit den Orchestermusikern, die schon die Geschichte von den Briketts gehört hatten. Hagen nahm Lissys Bratsche und legte sie in den Kasten; abends musste Lissy das Instrument mit einem Wundermittel putzen, das sie selbst fabriziert hatte, denn an Hagens Händen klebte immer noch die unheilige und schmierige Allianz, die die Kohle mit der Tinte des Rechenhefts eingegangen war.

Abends erzählte Lissy ihnen von Pommern, das war noch viel schöner als Geschichten in Büchern zu lesen, denn Pommern war eine wunderbar grenzenlose Erde, die nie ein Ende nahm; ein magisches Paradies von einer Vollkommenheit, die ihresgleichen suchte: Die Felder waren so groß und weit wie das Meer, es gab wundervolle Strände mit feinem weißen Sand an der Ostsee, und in den unglaublich tiefen Dünen konnte man verschwinden und wunderbar Versteck

spielen und da konnten die einen suchen wie toll, es gab oft gar keine Möglichkeit, die Spielkameraden wiederzufinden.
Lissy erzählte vom Krieg und von der Nachkriegszeit und Hagen fragte:
„Wann war das denn?"
„Na, jetzt sind wir im Jahr 1951, der Krieg war 1945 vorbei, und danach kam die Nachkriegszeit ..."
„Also dann bin ich wohl ein Jahr älter als die Nachkriegszeit", sagte Hagen, „weil ich ja 1944 geboren bin."
Lissy erzählte die Kriegsgeschichten wie im Kino, man sah die Bomben fallen und die Leute flüchten oder irgendwo in der Versenkung verschwinden, in irgendeinem Keller oder in einem Bunker, wenn es einen in der Nähe gab und nach einem Luftangriff, wenn die Bomben schon alle runtergefallen waren, dann kam man aus dem Bunker oder aus irgendeinem Loch gekrochen und konnte nur eins tun:
... sich aufrichten, so als wenn gar nichts passiert wäre, Hagen nehmen und seinen Kinderwagen und nicht auf die Toten gucken und die Verwundeten und das Blut und den Dreck und die Trümmer und die zerfetzten Bündel, und weiter und immer weiter gehen, um nicht das Weinen und das Schreien zu hören, schnell die Sachen zusammenraffen und das Essen, denn man hatte ja keine Zeit, sich jetzt hinzusetzen und zu weinen, da waren ja die Kinder und die Säuglinge und die musste man heil durch den Krieg bringen, und in jenen Augenblicken hatte man gar keine Angst, denn da war kein Platz und auch keine Zeit für sowas, und einzig und allein dachte man fiebrig daran, wie man wohl aus diesem Bombenangriff heil wieder herauskommen könnte ... Hagen war lebendig, Lissy lebte noch und auch das Kind in ihrem Bauch ... sie fühlte, wie es unruhig strampelte, denn auch die ungeborenen Kinder erschreckten sich doch bei den

Bombenangriffen ... und dann musste Lissy einen Zug oder irgendeinen Transport finden, um bis nach Bayern zu fahren, da wartete die Familie auf sie ... ‚Lebte die junge schwangere Mutter noch, und der kleine Hagen?', fragten sich ihre Schwägerinnen und ihre Schwester, auch von keinem der Männer hatte man was gehört ... ob die tot waren oder vielleicht als Kriegsgefangene in irgendeinem Lager saßen?
In Pommern war schon das russische Heer eingedrungen, da konnten sie nicht bleiben, obwohl sie vor Schmerz weinten, als sie ihre Häuser und Felder zurücklassen mussten ... aber jeden Tag hörte man zitternd vor Angst im Radio, wie der russische Jude Ilja Ehrenburg auf Deutsch sagte, dass sie sich an der Bevölkerung rächen würden wegen allem, was die Wehrmacht in Russland verbrochen hatte, sie würden sie alle umbringen, ihre Felder und Häuser verbrennen ... so sprach er mit einer furchtbaren Stimme ... und er sagte, dass jeder Tag, an dem ein russischer Soldat keinen Deutschen umbringen würde, ein verlorener Tag sei ... Es gab befreundete Familien und Nachbarn, die nicht fliehen und auch den Russen nicht in die Hände fallen wollten ... manche brachten sich um vor Angst, ganze Familien mit den Kindern und den alten Leuten ... Und wenn Sascha Hofmann nicht gewesen wäre, der auch ein russischer Jude war, Offizier beim russischen Heer, da wären noch viel mehr Leute umgekommen: Denn als sie mit ihrer Truppe in Ostpreußen und Pommern ankamen, tat er immer wieder das gleiche: Er versammelte alle Frauen und Kinder, in vielen verschiedenen Dörfern und Städtchen, in einer Scheune, einer Schule oder in irgendeinem Gebäude, das noch eine verschließbare Tür hatte, und dann stand er die ganze Nacht Wache und bedrohte seine eigenen Landsleute mit dem Tod, wenn sie dort eindringen wollten.
Lissy fuhr aus Pommern mit Planwagen weg, die mit Möbeln, Wäsche, Silberzeug und Porzellan, Büchern und Dokumenten beladen

waren; es sah aus wie ein Umzug ... und weil sie kaum 24 Jahre alt war, dachte sie, dass sie irgendwann einmal wieder zurückkehren könnten; Viele dachten, dass es nicht für immer war ... in ihrem Planwagen war sogar ein eiserner Ofen. Als sie an die Ostseeküste kamen, um das kleine Schiff der Ostpreußischen Küstenwache zu nehmen, musste sie alles zurücklassen; schon auf dem Weg dorthin hatte sie vieles einfach weggeworfen, um Platz für die Leute zu schaffen, die kein Gefährt hatten und zu Fuß unterwegs waren, um an die Küste zu gelangen. Zum Schluss blieben ihr nur Hagen und sein weißer aus Weide geflochtener Kinderwagen, ein Koffer und ein Bündel mit allen möglichen Sachen ... und so kam sie auf das Schiff, um in den Westen zu gelangen. Sie musste bis nach Bayern und sie brachte es sogar fertig weiterzukommen: mal in einem vollgestopften Zug, mal zu Fuß, manchmal in irgendeinem wackligen Gefährt. Die Familie in Bayern wartete mit Ungeduld auf sie ... würde Lissy lebend mit Hagen und dem Baby ankommen? Sie war schon im sechsten Monat ...
Die Angst, sagte Lissy, die Angst hatte man erst nachher, als man schon in einem weißen gemütlichen Bett in Bayern lag, am Fenster sangen die Turteltauben und plötzlich kam der Krieg wieder zurück, ein schrecklicher Albtraum, die Sirenen, die Bomben, das Blut, der Boden voller Toter und die Trümmer: der Krieg, der Krieg! Sie fühlte sich so ärmlich, so allein wie ein ganz trostloses Ding, das Kind das Kind, die Leute starben, das Kind das Kind, alles in Schutt und Asche, es war Wirklichkeit, der Krieg der Krieg, und sie zitterte und schrie:
„Der Krieg, der Krieg!"
Aber dann kam Oma an ihr Bett, und weckte sie aus ihrem bösen Traum und Lissy begriff, dass es nicht der Krieg war, es war nur ein grässlicher Traum, der Krieg war ja am achten Mai zu Ende gegan-

gen, und sie war in Bayern und lag in einem schönen weißen Bett und vor dem Fenster sangen die Turteltauben.
Die wussten nichts vom Krieg und vom Tod, die Turteltauben; sie sangen und turtelten glücklich auf der Fensterbank; der kleine Hagen schlief wie Nils Holgersson in einem mit einer alten Federdecke gefütterten Wäschekorb. Das Baby, das gerade erst ein paar Tage alt war, schlief still und friedlich in seinem Bettchen, das man ihm in einer Munitionskiste eingerichtet hatte.
Und Oma brachte Lissy etwas Suppe und tröstete sie:
„Nun hab' keine Angst, mein Täubchen, weine nur nicht, wir sind ja in Bayern, und hier kann uns gar nichts passieren, der grässliche Krieg ist doch zu Ende, lass das Zittern, jetzt haben wir ja unsere alliierten Freunde, die Amerikaner, unsere allerliebsten Freunde, unsere Beschützer, diese Hurensöhne, verdammte Trottel aus dem Wilden Westen, wie gut diese Knallköpfe uns behandeln! Gestern haben sie mir den Fotoapparat weggenommen, wir sind ja bloß Deutsche und die erlauben uns nicht, unsere kleinen Kinder zu fotografieren, wir haben ja den Krieg verloren, verdammte Kerle, die haben uns ja von den Nazis befreit, unter dem schlimmsten Bombenhagel hab' ich mir nicht vorstellen können, dass mich irgend so ein Hurensohn von Yankee mal Faschist und Nazi nennen würde, komm, nun wein nicht, iss was, ich brauch' ja nicht so viel, du musst ja die Kleine stillen, weine nur nicht, mein Liebchen ..."
Die Amerikaner von der Kommandantur hatten Angst vor Oma, daran bestand kein Zweifel; sie fiel erbarmungslos über sie her mit ihrem gepflegten Englisch, aber ihren Fotoapparat war sie trotzdem los.
Lissy machte nachts eine Bleistiftzeichnung von ihrem neugeborenen Baby, denn ihre Großmutter, die in Halle wohnte, in Sachsen, das von den Russen besetzt war, wollte gerne wissen, wie die Kleine

aussah, die 1945 in Bayern geboren wurde. Denn bis sie fast zwei Jahre alt war, konnte man kein Foto von ihr machen ... und dann war schon alles vorüber: das erste Lächeln ... aber noch viele Jahre später, wenn Lissy an ihre kleine Tochter dachte, konnte sie ganz deutlich sehen, wie sie ihre dicken kleinen Händchen bewegte, das kleine Gesicht voller Schmutz, als sie im Obstgarten auf dem matschigen Weg herumwackelte und direkt in eine Pfütze taumelte, alles kam wieder, sagte Lissy, du musstest dich nur ganz fest darauf konzentrieren, auf jenes Jahr, und da war das kleine Ding:
„Klein und mollig, sie schmollte so lieb, die großen Tränen, die wie rosige Tautropfen eine nach der anderen langsam über das kleine Gesicht rollten ..."
Man konnte die Vergangenheit wieder zurückfischen, sagte Lissy, und ihre Kinder glaubten ihr alles, denn sie konnten den ganzen Film sehen:
Die deutschen Musiker in den russischen Gefangenenlagern, und wie sie ganze Partituren auswendig auf die weiße Rinde sibirischer Birken schrieben; die Rinde war fein und blütenweiß und sah aus wie ganz teures handgefertigtes Papier.
Hagen und sie pellten immer heimlich die Borke von den drei Birken ab, die sie im Garten hatten und schrieben Zahlen und Buchstaben darauf, und als Lissy sagte, dass sie die Borke nicht so abpellen sollten, war Hagen ganz entrüstet:
„Hab' ich nicht etwa die Birken gepflanzt? Das sind meine, und damit kann ich machen, was ich will."
„Das kannst du eben nicht", sagte Lissy, „die Birken haben keine Besitzer; sie gehören bloß sich selbst."
Es stimmte, dass Hagen eine kleine Birke gepflanzt hatte, als er sechs Jahre alt war; er hatte sie ganz vorsichtig im Wald ausgegraben, und nachher teilte sich die Birke in drei Stämme, die ganz groß

wurden, und von denen die Nachbarn immer sagten, dass es die drei Kinder waren:
Hagen, Heidi und Heiner.
Die Musiker im russischen Gefangenenlager wurden besser behandelt als der Rest, denn auch die Russen liebten die Musik so wie die Deutschen, obwohl das, was in einem deutschen Lied vorkam, nicht ganz stimmen konnte:

„Wo man singt
da lass dich ruhig nieder
böse Menschen singen keine Lieder."

Naja, bis zu einem gewissen Punkt, sagte ihr Großvater viel später einmal bei einem Gespräch, das sie belauscht hatte, mag das ja stimmen, bloß kann man manchmal beinahe den Glauben an die Menschheit verlieren, denn da gab es einen Kommandanten eines Konzentrationslagers, der sich nach einem langen Tag unzähliger schrecklicher Morde in den Gaskammern an seinen Flügel setzte und Schumann spielte ... wie kann man nur so seelenlos sein, sagte der Großvater ...
Aber bei den Musikern damals in dem Gefangenenlager in Sibirien, da konnte man noch an die Güte der Menschen glauben, denn die Russen gaben ihnen Holz und anderes Material, um Instrumente zu bauen, und dann spielten sie in einem Trio oder Quartett, die Partituren hatten sie auswendig auf Birkenrinde geschrieben, mit mageren Händen, in die der Hunger und die Kälte schreckliche Geschichten geschrieben hatten, obwohl sie etwas mehr zu essen bekamen als die anderen ... und manchmal auch nicht so viel schuften mussten ...
„Mussten die anderen dann mehr hungern, wenn sie das Essen so ungerecht verteilt haben?", fragte Hagen.

„Nein, das nicht", sagte Lissy, „ganz bestimmt nicht, denn die haben den anderen sicher was abgegeben ..."

Es kam der Tag, an dem die Russen eine ganz verrückte Idee hatten: Die gefangenen Musiker hatten ein paar Geigen und eine Bratsche gebaut, und auch so eine Art Flöten und Trommeln, aber sie hatten keinen Kontrabass. Sie zeichneten noch und noch Pläne, und die Russen guckten gespannt zu, ob daraus wohl was werden würde, aber schließlich war es ihnen klar, dass sie ein so riesiges Instrument nicht selber bauen konnten, und eines Tages ließ der Kommandant den Kontrabassisten Heinz Bökelheide kommen, der viel später mit Lissy im Kammerorchester spielen würde.

„Was hatten die Russen denn vor?", fragte Hagen.

„Etwas Unglaubliches", sagte Lissy, „man kann es sich kaum vorstellen, aber es ist wirklich passiert. Sie machten ihm klar, er müsse nach Moskau, um einen Kontrabass zu kaufen, sie hatten schon die Adresse eines Instrumentenbauers, aber sie selbst trauten sich da nicht hin, denn sie verstanden ja gar nichts von Kontrabässen. Sie hatten auf irgendeine Weise das Geld ergattert, um das Instrument zu kaufen, und hatten auch Geld für die Reise und sonstige Ausgaben ... und er sollte also nach Moskau, nach Moskau, stellt euch das mal vor!, um das Instrument zu kaufen, auf das sie so erpicht waren ..."

„Und was hat Heinz Bökelheide dazu gesagt?"

„Na, der saß da erstmal völlig erstarrt", sagte Lissy.

„Was ist das, ‚erstarrt'?", fragt die kleine Schwester.

„Das sieht so aus", sagte Hagen und machte eine scheußliche Grimasse.

„Wie grässlich hat Heinz Bökelheide ausgesehen, als er Angst kriegte", sagte Heiner.

„Und du bist noch bescheuerter als ein Käse", sagte Hagen.

„Käse können doch nicht reden", sagte die kleine Schwester, die sich wie immer in den Wolken befand.
„Wieso denn nicht?", fragte Hagen. „Du redest doch auch."
„Natürlich", sagte Lissy, ohne sich weiter um die beiden zu scheren, „natürlich hatte er Angst, und zuerst dachte er auch, die wollten ihn in eine Falle locken. Doch dann statteten sie ihn mit den besten Kleidern aus, die sie im Lager zusammenraffen konnten, und die Russen gaben ihm eine Pelzmütze und so einen zusammengepfuschten Pass mit einem russischen Namen, und sie gaben ihm zu verstehen, dass er ja kein Wort von sich geben dürfe und dass er vorgeben müsse, taubstumm zu sein, denn so war es im Pass vermerkt."
„Er konnte ja sicher auch von den Lippen ablesen", sagte die kleine Schwester.
„Na, ganz klar und außerdem auf Russisch", sagte Heiner.
„Russisch konnte er damals schon ganz gut", sagte Lissy, „denn als er die Reise nach Moskau antrat, war er schon mehr als zwei Jahre im Lager."
„Und wie lange war er insgesamt da?"
„Sehr lange", sagte Lissy, „wirklich sehr lange."
„Wie lange denn?", fragte Hagen.
„Vier Jahre", sagte Lissy. „Aber als er dann nach Deutschland zurückkam, hatte er nicht mit solchen Schwierigkeiten zu kämpfen wie viele Heimkehrer; denn alles in Deutschland war neu und anders, und sie hatten lange Jahre ihre Berufe nicht ausgeübt. Aber Heinz Bökelheide spielte im Lager jeden Tag auf seinem Kontrabass und brachte viele Partituren mit, die er aus dem Gedächtnis auf die Birkenrinde geschrieben hatte ..."
„Hat er die ganzen Birken gleich mitgebracht?", fragte Heiner.
„Ja, sicher, auf einem Lastwagen", sagte seine Schwester.

„ ... so dass er in dem Gefangenenlager", sagte Lissy und guckte die drei ganz blau an, „als Musiker noch sehr viel dazugelernt hatte, und als er wiederkam, fing er gleich wieder an in einem Trio, dann in einem Quartett, im Quintett und schließlich im Kammerorchester und Symphonieorchester, wir dachten immer an Engel, wenn wir seine himmlische Musik hörten ..."

„Warum ist er eigentlich nicht abgehauen?", sagte Hagen.

„Er hätte doch nach Deutschland fahren können", sagte die kleine Schwester.

„So war das aber nicht, er fuhr nach Moskau und kam nach fast einem Monat wieder", sagte Lissy, „natürlich hatte er einen russischen Pass ... aber er kam mit einem wundervollen Kontrabass wieder und musste dann noch zwei Jahre in dem Lager bleiben ..."

„Ja", sagte Hagen, „aber warum ist er nicht einfach abgehauen?"

„Er hatte doch versprochen zurückzukommen", sagte Lissy, „und wenn man den Russen verspricht, einen Kontrabass in Moskau zu kaufen, dann muss man auch sein Wort halten ... außerdem waren da noch sehr viele Menschen, die sehnlichst auf ihn warteten ... ganz wichtige Leute ..."

„Was waren das für Leute?", fragte Heiner.

„Da redet schon wieder ein Käse", sagte Hagen. „Na, die Russen doch und die deutschen Gefangenen, du Schweinsohr!"

„Die meine ich gar nicht", sagte Lissy.

„Nun sag uns doch, was für Leute das waren!", sagte die kleine Schwester.

„Das Publikum", sagte Lissy. „Man darf doch das Publikum nicht enttäuschen."

„Aber die haben ja gar keine Eintrittskarten gekauft", sagte Heiner.

„Halbtot und verhungert nach zwölf oder vierzehn Stunden Arbeit im Steinwerk", sagte Lissy, „also die hatten sich ihre Eintrittskarten wirklich verdient ..."
„Die Russen haben ja gar nicht gearbeitet", sagte Hagen.
„Das stimmt nicht", sagte Lissy, „die meisten von ihnen waren ja selbst Verbannte und so eine Art Sträflinge; und so bildeten die deutschen Gefangenen und die russischen Verbannten ein sehr erlesenes Publikum, denn sie waren alle zusammen unendlich dankbar für jede Note, die das Orchester spielte; für sie waren es zarte himmlische Klänge ..."

14
Davon wie Joringel nicht ohne Jorinde leben kann; und wieso Jorindes Lächeln noch zwischen den Bäumen schwebt, und warum sie schließlich ins Wunderland gelangte

Sie sprachen von ihr
in einem verlorenen Dorf im Schnee
sie starb vor einem Jahr
wie schnell es verging
sagten sie
wie schnell das Jahr vergangen ist

Sie sprachen von ihr
von ihrem Lächeln wie auf Papier gemalt
ja sicher
das Lächeln
sagte eine Nachbarin

das Lächeln schwebt noch zwischen den Bäumen
Sie sprachen von ihr
Alicias Katze
entwischte
das Lächeln schwebte zwischen den Bäumen
im Wunderland

15
Wie das weiße Pferd, genannt Isolde, lächelnd vorbeikam; von Schwester Jenny, die eine Geschichte erzählte; warum die beschissenen didaktischen Spiele zu nichts nütze sind; wieso kleine Kinder Mozart hören wollen; und wie Leonard es fertigbrachte, dass Simona ein Tor schoss.

„Hagen", sagte seine kleine Schwester, „ich weiß nicht warum, aber es kommt mir so vor, als wärst du in Pommern ... dabei gibt es das doch gar nicht mehr ... also hast du da hinten gar nichts mehr verloren ... das alte Hinterpommern existiert nicht mehr ... denn einmal brauchten wir deine Geburtsurkunde ... das war vielleicht ein Theater! Wir haben die Urkunde in Deutschland angefordert, aber die hatten die natürlich nicht, Pommern existiert ja gar nicht mehr; schließlich mussten wir die polnische Botschaft einschalten, und nach vielem Hin und Her kam nach drei Monaten die Urkunde aus Warschau! Auf Polnisch, stell dir das mal vor! Da stand drin, du wärst in einer Stadt geboren die Gdansk hieß ... dabei bist du doch in Danzig geboren ... also wenn du glaubst, du seist in Pommern, dann

befindest du dich jetzt an einem Ort, den es gar nicht mehr gibt ... du kannst also wiederkommen, wann immer du willst, Hagen ..."
Es war halb sechs in Pommern.
Das weiße Pferdchen, genannt Isolde, kam vorbei und lächelte, wie nur weiße Pferdchen lächeln können.
Er hörte eine Stimme. Da war eine Hand bei ihm. Eine Hand, die ihn anfasste.
„Hagen", sagte die Stimme, „heb deinen kleinen Finger ... mach was ... ich weiß, dass du es kannst ..."
„Hagen, bitte stirb nicht ...", sagte die Stimme.
„Meine Schwester ist hier", dachte er.
Ein weißer Kittel ging durch das Zimmer auf der Intensivstation.
„Möchtest du Kaffee?", fragte sie. Sie war klein, mit dunklem Haar und heller Haut; sie hatte so einen traurigen Blick.
Sie setzte sich auf einen Hocker und seufzte.
„Manchmal ist es sicher besser zu sterben", sagte sie, „es ist so hoffnungslos ... vielleicht wacht er ja auf ... du kannst dir nicht vorstellen, wie schrecklich das sein kann ... es war so eine schwierige Operation ... ein sehr schwerer Fall ... auch wenn er aus dem Koma erwacht, wird er nie wieder sein wie vorher ..."
„Wie heißt du?"
„Jenny, ich heiße Jenny."
„Geh nicht fort, Jenny", sagte Hagens Schwester, „bleib hier und rede mit mir ... Ich habe eine Tochter, die wie du heißt ... sie ist zwölf ... sie singt wie ein Vogel und schreibt sehr schöne Geschichten ..."
„Nun weine nicht", sagte Jenny und wischte ihr die Tränen ab, „weine nicht mehr. Wenn Hagen dich hört, dann wird er denken, er sei tot ... Weißt du, ich bin hier schon so lange, ich habe immer auf der

Intensivstation gearbeitet; ich habe so viel gesehen ... meistens war es schrecklich ... und oft ist es eine grässlich harte Arbeit ..."
„Die aus dem Koma erwachen ...", sagte sie, „die da wieder herauskommen ... kannst du mir nicht von so einem Fall erzählen?"
„Natürlich", sagte Jenny und gähnte, „Verzeihung, aber ich bin erschöpft, völlig kaputt ... lass mich mal nachdenken ..."
Sie lächelte und sagte:
„Das war Simona ... damals war sie neun Jahre alt ... Sie hatte einen tragischen Autounfall, eine Operation ... und danach fiel sie ins Koma ..."
„Erzähl mir davon, Jenny ..."
„Es war wirklich ein sehr schwerer Fall ... ", sagte Jenny, „die Mutter ist beinahe verrückt geworden, sie saß Stunden um Stunden an ihrem Bett, sie redete und sang, sie weinte viel ... das ging so vierzehn Tage lang, dann musste sie selber ins Krankenhaus, sie war vollkommen ausgelaugt ... die arme Mutter ... schließlich machten wir mit ihr eine Schlafkur ..."
„Und wer hat Simona dann aufgeweckt?"
„Ja, das war ihr Lehrer", sagte Jenny, „ein ganz wunderbarer Mann ... vielleicht ein bisschen närrisch, er sollte eigentlich schon längst pensioniert sein, du weißt schon, so eine Art Intelektueller, leicht exzentrisch ... aber weil er ein so gewitzter alter Hase war, ließen sie ihn immer noch unterrichten. Die Kinder waren verrückt nach ihm und wollten nicht von ihm lassen. Er hatte so ganz dichte weiße Haare, rauchte wie ein Schlot, und lächelte immer so vieldeutig ... und dann die schöne tiefe Stimme, vielleicht etwas rauh, aber er gab sich große Mühe so zu sprechen, als hätte er Kreide verschluckt ... du weißt schon ... wie der Wolf ..."
„Und wie hat er sie aufgeweckt?"

„Ja, das war so ... er kam genau an dem Tag ins Krankenhaus, an dem wir auch die Mutter einweisen mussten, die Ärmste konnte einfach nicht mehr; der Vater war zu nichts nütze, er war einfach zusammengebrochen und konnte überhaupt nicht mithelfen ... Simonas Fall war so hoffnungslos, und dem Vater war das bewusst, und obendrein war er ein sehr alter Vater, er war weit über siebzig ... Es war so ähnlich wie bei Hagen ... ein hoffnungsloser Fall ... du weißt schon ..."
„Komm, red keinen Blödsinn", sagte sie.
„Die Mutter war über fünfzig, Simona war ihr einziges Kind ... zudem hatten sie alle drei in dem Wagen gesessen, nur ihnen war nichts passiert, bloß der Kleinen, die vorne gesessen hatte ... sie fühlten sich unendlich schuldig ... so, als wenn sie ihre eigene Tochter umgebracht hätten ..."
Jenny seufzte tief.
„Ich müsste eigentlich gehen, ich hab' so viel zu tun ..."
„Ach bitte, erzähl weiter ..."
„Jedenfalls als Simonas Klassenlehrer kam ... es war so ungefähr um zwei Uhr morgens, da schien er etwas konfus, die weißen Haare zerwühlt, er guckte eigentlich wie ein Schuljunge, der gerade alle möglichen Schandtaten begangen hat ... Er trug eine Reisetasche, die war aus vielfarbigem Leder ... ich würde sagen, es war eine von diesen peruanischen Taschen, alles, was er dabei hatte, war etwas exotisch ..."
„Ja, und was dann?"
„Naja, er sagte er hieße Leonard und er sei Jennys Klassenlehrer und denke immer an sie ... er könne einfach nicht mehr schlafen, und dass er jetzt gekommen sei, um sie aus dem Koma zu holen, verdammt nochmal, sagte er, das Kind muss jetzt da raus aus dem Koma, und punktum mit Schellengeläute."

Jenny schwieg und musterte Hagens Gesicht.

„Wir sind dann auf die Intensivstation gegangen, und zuerst hat er mit dem Vater geredet, ich weiß nicht, was er ihm gesagt hat, aber Simonas Vater gab seiner Tochter einen Kuss, die Tränen liefen ihm übers Gesicht ... und dann passierte sowas Komisches, ich muss jetzt noch lachen, wenn ich dran denke ..."

„Was war das denn?"

„Er sagte zu Simonas Vater: ‚He Alter, du bist sicher'n toller Vater, aber jetzt hast du hier nichts mehr zu suchen, deshalb klaub mal all diese Habseligkeiten zusammen und mach, dass du nach Hause kommst, wir sehen uns dann noch'."

„Und was waren das für Habseligkeiten?"

„Ja, das fragte Simonas Vater auch."

„Was denn für Habseligkeiten?"

Und Leonard rief ganz laut:

„Naja, all das trübselige Zeug, das hier in der Stube herumliegt ... der Teddy, dieser ganze absurde Kram, die Stofftiere und die glotzäugige Barbiepuppe, all der barbarische Kitschkrempel aus Disneyland ... was soll die Simona denn mit dem beschissenen Spielzeug? ... halbtote Kinder spielen nicht, außerdem ist das hier viel zu voll, um sich jetzt gebührend auf so ein Abenteuer zu konzentrieren, nimm auch die Zahnbürste mit, ich will die hier nicht haben, jetzt ist keine Zeit für Hygiene, und verschwinde mit dem Kitschzeug, das ist ja noch nicht das Schlimmste, aber was ich nun gar nicht ertragen kann, das sind diese beschissenen didaktischen Spiele, für die berühmte Intelligenz sind die absolut unnötig."

„Ich hab' Shakespeare dabei und den Roman ‚USA' von John dos Passos", fuhr er fort, „und ein Brot, das ich in meinem Holzofen gebacken hab', und Äpfel, die sind wenigstens zu was nütze ... da kann man dran riechen und Salz hab' ich auch dabei, logischerweise,

und außerdem seid ihr ja sowieso alle nicht mehr ganz da und wie von Sinnen ... ihr habt ja keine Ahnung, was Kinder wollen, die wollen Turgenjew und die Odyssee."
„Und was sagte Simonas Vater dazu?"
„Naja, er sagte, dass ihm der ärmliche Kram ja auch nicht gefiele, aber die Kinder wollten eben dieses Zeug ..."
„Du hast wohl 'nen Neujahrskater, Mann!", rief Leonard. „Begreifst du denn nicht, dass die sich damit langweilen, bis sie anfangen zu stinken? Du bist doch wohl alt genug, um das gemerkt zu haben, verdammt nochmal, je jünger die Kinder sind, desto verrückter sind die auf Mozart, der war doch auch ein Kind! Die lächeln doch traumhaft glücklich, wenn sie seine Musik hören ..."
Und plötzlich sagte Simonas Vater ganz fiebrig, dass er immer schon gedacht habe, dass man nicht so viel absurden Krempel für Kinder fabrizieren solle, und wozu machten die übrigens diese berühmten süßlichen und verlogenen Kinderbücher? Was sollten eigentlich die kleinen Dinger mit den ärmlichen Fetzen und bunten Pamphleten?
„Herrgott, wenn man ein Buch schreibt", sagte er, „dann denkt man doch wohl nicht an das Alter der Leser! Man legt einfach los und schreibt was für sich oder für alle, die ihre Nase in ein Buch stecken möchten!"
Und dann türmte Simonas Vater den Krimskrams auf einen Haufen und bat Leonard um seine große Tasche, und Leonard schüttete alles heraus wie aus einem Sack. Da kam erst ein dunkles Bauernbrot zum Vorschein, und Turgenjew, zwei Äpfel, dann das Salz der Erde, ein Birkenzweig, eine Kartoffel und Musik von Mozart, das packte er alles auf den Tisch und gab Simonas Vater seine Tasche.
Simonas Vater machte die Tasche zu, gab Leonard die Hand und ging zur Tür.

Er ging plötzlich ganz gerade und nicht wie so ein angeknackster Opa.
Mit der Hand auf der Klinke drehte er sich um und rief:
„Leonard!"
„Was willst du?", sagte Simonas Klassenlehrer. Er saß schon neben ihr und starrte angespannt in ihr Gesicht.
„Hast du was zu trinken dabei?"
„Na klar", antwortete Leonard, „glaubst du denn, ich könnte das sonst durchhalten? Jetzt hau ab, hier hast du nichts mehr zu suchen, geh hin, wo immer du willst, und wirf dich in irgendeine Ecke zum Schlafen, wo ist mir piepegal, mich lass in Ruh. Ich hab' jetzt zu tun."
„Und dann", sagte Jenny, „dann versprach er ihm noch was."
„Was denn?"
„Dass er sie wieder zum Leben bringen würde. Und dann schrie er noch: ,Die Simona ist nicht tot, ganz klar, und solange sie nicht tot ist, ist sie lebendig, ich wird' es ihr schon begreiflich machen."
„Und dann fing er an zu arbeiten und du weißt ja wohl, was das für eine Schufterei ist", sagte Jenny.
„Klar weiß ich, was das für eine Schufterei ist", sagte sie. „Ich danke dir dafür, dass du mir so schön was erzählt hast, denn normalerweise bin ich es immer, die die Geschichten erzählt."
„Ich weiß", sagt Jenny, „ich weiß es wohl. Der Leonard griff sich also die Sachen, die er von zu Haus mitgebracht hatte, die Äpfel, den Turgenjew und das Salz der Erde. Keiner glaubte wirklich dran, dass Leonard die Simona aufwecken würde ... wir haben ihr helfen wollen, sie war ja noch so klein ... es war eine schreckliche Spannung, der Kerl brachte uns alle fast zum Wahnsinn ... denn Simona ... du weißt ja ..."
„Sie war praktisch tot", sagte Hagens Schwester.

„Genau. Sie war praktisch tot, da war einfach nichts ... es war genau wie bei Hagen."
„Red doch keinen Blödsinn", sagte Hagens Schwester.
„Gut", sagte Jenny. „Leonard sagte: Sie hört nichts, sie kann nicht sehen, sie weiß nicht, wo sie ist, deshalb müssen wir also ganz von vorne anfangen."
Er nahm das Tütchen mit dem Salz und ließ das Salz auf Simonas Hand rieseln.
Und dann sagte er zu ihr:
„Simona, hör mir mal zu, du weißt ja, dass dies das Salz der Erde ist, es ist wie du ... willst du Musik hören? Komm sofort zurück, siehst du nicht, dass die da einen Tunnel gegraben haben, damit du wieder da rauskommen kannst? Siehst du das Licht am Ende? Beweg dich und krabbel los, mein Schwälbchen, kriech aus dem Tunnel, es ist nicht komisch, tot zu sein, wir haben nicht viel Zeit, erheb dich ... wir müssen doch in die Schule zum Spielen ..."
„Und dann sahen wir, dass der Leonard gar nicht so altmodisch war wie wir glaubten", sagte Jenny, „denn er hatte so ein ganz tolles Musikgerät dabei, das klang ungeheuer gut, und da hörten wir eine Kassette von einer Schulstunde ... was für ein Krach! Taub konnte man davon werden!"
„Was war das denn für ein Krach?"
„Ach, ich weiß nicht, es war einfach ein entsetzliches Getöse ... einmal kam es mir vor, als würden Bücher durch die Gegend geschmissen ... schließlich hörte ich Leonards Stimme."
„Hört jetzt auf, mit den Äpfeln 'rumzuschmeißen! Hat euch die Stunde gefallen?"
Dann erklang Simonas Stimme. Wir wussten alle, dass es ihre Stimme war, obwohl wir sie ja noch nie zuvor gehört hatten; sie sagte ganz klar:

„Ein Apfel am Tag hält den Doktor fern."
„Genau", sagte Leonard. „Und jetzt legt euch mal alle irgendwo hin, denn ich möchte euch gerne etwas vorlesen."
„Danach war kaum etwas zu hören", sagte Jenny, „die Kinder legten sich wahrscheinlich ganz still auf die Erde oder sonstwohin ... und dann war da nur noch Leonards Stimme:
Und dieses Buch
ist mein Körper
und dieses Wort
ist meine Seele.
Dann war Stille, minutenlang Stille ... und dann schrie ein Junge:
„Wer hat das geschrieben?"
Dann Leonards Stimme, tief und rau:
„Diese Worte sind von Grigor Narekazi ... aus einem Klagegesang. Grigor war Russe ... aus dem zehnten Jahrhundert ..."
Simonas Stimme, klar und präzise:
„Das ist lange her ..."
„Tausend Jahre", sagte Leonard, „tausend Jahre."
„Ist das aus dem zehnten Jahrhundert?", fragte Simona mit ihrer klaren musikalischen Stimme.
„Natürlich", sagte die Stimme ihres Lehrers.
„Dürfen wir jetzt eine andere Musik auflegen?", fragte Simonas goldene Stimme auf dem Band.
„Das hat mir gut gefallen", sagte Hagens Schwester.
„Ja, so redest du ja auch mit Hagen, oder nicht?", antwortete Jenny.
„Er machte auch immer weiter und weiter mit seinen Geschichten, er legte eine Kassette ein mit einer Turnstunde, ein höllischer und unerträglicher Krach, dazwischen legte er Beethoven auf und Bach, außerdem Jazz und Mozart, Vivaldi ... und wenn ihm gesagt wurde, dass die Simona ja schon längst aufgewacht sein müsste bei einem

solchen Lärm, und dass ihre vitalen Werte sich kein bisschen verändert hätten, und immer noch so waren wie am Anfang des Komas, und dass alles wenig Zweck habe ..."
...dann sagte Leonard:
„Es handelt sich ja nicht um Lärm oder um Stille, es dreht sich jetzt um die Zeit, Simona hat eben ihren eigenen Rhythmus; sie wollte immer so schnell wachsen ... alles begreifen ... laufen und rennen ... ja, jetzt muss es eben langsamer gehen ... wie oft musste ich ihr sagen: Die Zeit hat's nicht eilig, die Zeit ist einfach da, sie läuft dir nicht weg ..."
Leonard verbrachte viele Stunden, Tage und Nächte bei Simona, er lief im Zimmer hin und her, schrie, sang ihr was vor, murmelte, tat wie eine Katze, summte Wiegenlieder für sie ... tat wie eine Mutter, wie eine Freundin, wie ein Hund ... ab und zu verschwand er nach Hause, um nach etwa zehn Stunden wieder aufzutauchen, frisch wie ein Limonadeneis.
„Und wie lange ging das so?"
„Sehr lange ... monatelang ...", sagte Jenny. „Aber eines Tages erwachte sie natürlich ... außerdem gerade da, wo sie ein Tor schoss."
„Was für ein Tor?"
„Ja, Leonard hatte eine Kassette mit einem Fußballspiel aufgenommen; er mimte den Rundfunksprecher."
„Komm, Simona, lauf, lauf! Da ist der Ball! Nun mach schon, schießen, Mann, nicht murmeln!"
„Man konnte die anfeuernden Schreie der anderen Kinder hören, die wie verrückt schrieen: Tooor! Simona, Tor!"
„Es war ja natürlich kein richtiges Tor", sagte Jenny, „nie hatte Simona je ein Tor geschossen. Sie hatten das einfach in der Klasse aufgenommen, so als wenn sie bei einem Fußballspiel wären, und sie taten bloß so, als hätte Simona ein Tor geschossen. Sie hatten zwar

eine Fußballmannschaft, das war Leonards Idee, und Simona gehörte natürlich auch zu der Mannschaft. Das Team war ziemlich chaotisch, es hatte wirklich kein hohes Niveau, aber obendrein war sie noch die Schlechteste in dem ganzen Verein, sie konnte es einfach nicht besser ... wenn sie doch beinahe alles fertigbrachte, aber Fußballspielen lag ihr nicht, sie stolperte über ihre eigenen Füße, und hoppelte da hin und her wie ein gelangweilter Hase, und niemals hatte sie je einen Ball ins Tor gekriegt ... bei der Aufnahme taten sie so, als wären sie beim Fußballspielen, die ganze Klasse machte mit und zum Schluss hörte man Leonards raue Stimme, er schrie: ‚Toooor!!! Du hast ein Tor geschossen, Simona! Ich gratuliere!'
Und Simona erwachte.
Sie machte die Augen auf, setzte sich hin, und weißt du, was sie dann gesagt hat?"
„Was denn?"
„Leonard, jetzt kannst du verschwinden, ich bin nicht tot, nun geh und kauf mir Himbeerkaugummi, ich hab' ein Tor geschossen."
„Und das war's dann?", fragte Hagens Schwester.
„Ruf Papa an und sag ihm, er soll meine Spielsachen bringen, ich will die Barbie und den ollen Plüschbären, ich weiß schon, halbtote Kinder spielen nicht, aber jetzt bin ich wieder lebendig. Und beeil dich, ich brauch das Himbeerkaugummi, ich hab' schon tagelang hier 'rumgelegen ohne das Zeug."
„Wie lange hatte sie denn kein Kaugummi gekriegt?", fragte Hagens Schwester.
„Sie hatte weder Himbeerkaugummi noch irgendwas anderes fünf Monate lang, drei Tage und viereinhalb Stunden gekriegt", antwortete Jenny.

16
Davon, als Galicien noch nach Honig roch; wie das schwarze Pferd Tristam vorbeigaloppiert; und warum ein Pole, der Jude ist, die galicische Nationalhymne zusammen mit einer dominikanischen Großmutter singt

„Hagen", sagte seine Schwester, „kannst du mich hören? Ich will dir etwas erzählen ... kannst du dich noch an das Jahr 1968 erinnern? Das war genau das Jahr, in dem wir beide aus Deutschland weggingen, du bist nach New York gegangen und ich hab' mich in Galicien niedergelassen ... Als du weggegangen bist, dachte ich, wir würden uns nie wiedersehen, nie mehr ... warum weiß ich eigentlich nicht, aber beinahe hätte ich recht bekommen, denn es vergingen sehr viele Jahre, bis wir uns endlich wiedersahen, zehn Jahre! ... stell dir das mal vor, zehn Jahre! Der Großvater hatte die ganze Familie nach Deutschland eingeladen ... er war schon über neunzig und wollte uns alle noch mal wiedersehen, bevor er sich zum Sterben legte, das waren jedenfalls seine ironischen Worte ... nein, er war nicht krank, er war nur sehr alt ... er pflegte jeden Tag um 6 Uhr aufzustehen um mit den Hunden durch den Wald zu laufen, und er hatte ein Gedächtnis wie ein Elefant, natürlich das eines alten Elefanten, sagte er."
„Hagen, kannst du mich hören? Du musst richtig zuhören ... tu ja nicht so, als wenn du tot wärst ... du sollst aufwachen ... bitte heb den kleinen Finger, gib mir ein Zeichen, Hagen, bitte ... ich bin's doch ..."
Sie hielt Hagens unbewegliche Hand ganz fest, eine Hand, die von sich selbst nichts mehr wusste ... Eine gleichgültige Hand aus Stein, die nichts von der Klarinette ahnte, die ihr Besitzer spielen konnte, eine Hand fern des weltlichen Lärms, eine Hand, die nichts von an-

deren Händen wusste, eine kalte Hand aus Marmor ... Sie betrachtete seine geschlossenen Augen mit den lieben, bläulichen Augenlidern ... „Hagen, wach auf, guck nicht wie ein Ochs vorm Scheunentor ..."
„Ich will meine Schwester sehen", dachte Hagen, „sie redet über meinen Tod, ich will die Augen aufmachen ... meine Augenlider ... alles ist so schwer ... wie Blei ... ach, sprich zu mir ... lass mich nicht allein ... ich will ... die Augen aufmachen ... ich kann nicht."
„Als du nach zehn Jahren wieder nach Deutschland gekommen bist, Hagen, nach so vielen Jahren ... da warst du nicht mehr derselbe, du warst wie ein Amerikaner ... du konntest damals eigentlich kein richtiges Deutsch mehr, ich weiß, dass du in Amerika niemanden hattest, mit dem du Deutsch sprechen konntest, aber ich fand das sehr merkwürdig ... sein Deutsch vergessen ... ich war auch schon seit zehn Jahren in Galicien und redete mit mir selber auf Deutsch, wenn ich niemanden hatte, und natürlich mit meinen Kindern, Englisch mit meinen Schülern, Spanisch und Galicisch mit der Familie und meinen Freunden, natürlich, und jeden Tag musste ich von einer Sprache in die anderen springen: vom Spanischen ins Englische, vom Deutschen ins Galicische, vom Englischen ins Galicische ... ich hatte mich an die Ziegensprünge und die ganze Hopserei von einer Sprache in die andere schon gewöhnt. Es war nicht schwer für mich, so ein kompliziertes Leben in zwei Ländern zu leben; Galicien roch noch nach Honig und Blumen, es war drei Jahre her, dass Franco gestorben war, das Leben war bunter in einer Demokratie, und mein Herz war noch nicht in Stücke gesprungen, sie hatten mir noch nichts von Alberts Tod erzählt ..."
„Albert", dachte Hagen, „Albert ist mein Vater ... er ist nicht gestorben ..."
„Hab' keine Angst, Hagen, mach dir keine Sorgen, es ist nichts, die wollten mich nur glauben machen, dass Albert gestorben wäre, aber

ich glaub' das sowieso nicht, ich weiß, dass das nicht wahr ist ... da können die vom Beerdigungsinstitut, die Rechtsanwälte und der Staatsanwalt noch so oft ankommen und behaupten, dass Albert tot ist ... ich glaub' nicht daran und werde auch nie daran glauben, du weißt doch ... Hagen ..."
„Ich will mit Albert reden", dachte Hagen, „Albert ist nicht tot ... Mein Vater ist bei mir ..."
„Hagen, komm, red' ein bisschen mit mir ... du weißt doch, Hagen, das hat nicht nur mit der Sprache oder den Sprachen zu tun ... da gibt es so viele Schattierungen, Klänge in der Musik, in den Akzenten, bei den unterschiedlichen Düften ... die Pflanzen sind nicht die gleichen, auch Blicke nicht, nicht einmal die Art, Kaffee zu kochen, das Schimmern des Wassers, des Schnees und der Sterne ... und wenn wir bloß existieren und so vor uns hinleben, ohne unsere Sprache wirklich zu können und zu lieben, und wenn wir uns nicht in ihr bewegen wie in einem erstaunlichen und wunderbaren Garten, denn die Natur hat uns diese Gnade gewährt .... so wird uns nie der Eintritt in das weltliche Paradies gewährt werden ..."
„Das Paradies", dachte Hagen, „das Paradies ... lass mich nicht allein ... ich will ... ich will leben ... leben ... meine Schwester ..."
„Hagen, es ist seltsam, aber ich weiß, dass du als Deutscher aufwachen wirst ... ganz frisch wie ein Pfefferminztee, und trotzdem kannst du Amerikaner sein ... Hagen, soll ich dir was vorsingen?", fragte seine Schwester.
„Sie singt immer", dachte Hagen, „immer singt sie mit dieser schwarzen Stimme, meine Schwester ... meine Schwester ... sie singt für mich ...
Die schwarzen Wolken waren gekommen ... das schwarze Pferd Tristam lief vorbei ... er fühlte sich so allein ... so trostlos ... er war

tot ... wer war gestorben?" ... dachte er, „my sister my sister please my sister I want my sister ..."
Und sie sang ihm ein galicisches Weihnachtslied vor, mitten im amerikanischen Frühling, und als sie mit dem Lied fertig war, begann sie mit der galicischen Hymne, sie sang ihrem Bruder die galicische Hymne vor, um ihn aufzuwecken aus dem, das sie Koma nannten, ein grausames Wort, zerfetzt und schief, um ihn als Deutscher aufzuwecken, auch wenn er als Amerikaner in sein Koma gefallen war.
„I want my sister ...", dachte Hagen, „ich will mit ihr reden ... please, please don't ever give me up ... please ... I want my sister ... ich will mit dir reden ... komm, sing mir was vor, bitte sing was für mich ... ich will, dass meine Schwester kommt ... my sister ... my sister ..."
„Möchtest du Zucker?" fragte sie der jüdische Großvater aus Kasachstan. Auf der Intensivstation war die halbe Welt zugange; die Frau des jüdischen Großvaters aus Kasachstan war aus der Dominikanischen Republik. Ihre Enkelin lag im Koma, die Familie betete in drei verschiedenen Sprachen ...
Ein altes Männchen lächelte sie an.
„Sie haben so polnische Augen", sagte sie zu ihm auf Englisch.
Das alte Männchen guckte erstaunt.
„Wie wussten Sie, dass ich Pole bin?"
Er erzählte ihr, dass er Juweliermeister sei, seine Frau lag im Koma, sie hatte ein sehr krankes Herz ... sie sah wirklich aus wie tot, sagte er und blickte sie schmerzerfüllt an mit seinen blauen polnischen Augen.
Sie erzählte ihm von Hagen, von Pommern ... von Spanien ... von Galicien ...
Plötzlich ließ er sein Englisch wie eine heiße Kartoffel fallen.
Er sprach Spanisch mit einem argentinischen Akzent; er erzählte ihr, dass er früher eine Juwelierwerkstatt in Buenos Aires gehabt habe.

„Nun passen Sie mal auf", sagte er ganz aufgeregt, „ich muss Ihnen etwas ganz Seltsames erzählen ... Sachen gibt's ... man soll es nicht glauben. Also ich hatte galicische Nachbarn in Buenos Aires, die hatten ein Restaurant, und wir haben ganz oft bei ihnen gegessen, ihre Suppen und die Fischgerichte, den Eintopf und diese durchsichtigen Pfannekuchen ... wie hießen sie noch?"
„Filloas", sagte sie.
„Ja, also von denen haben wir unendlich viele gegessen, die sind so fein und lecker, man kann gar nicht aufhören ... also gut, was ich Ihnen eigentlich erzählen wollte, das hat mit der Sprache zu tun; vor ein paar Stunden ist mir was ganz Seltsames passiert ... ich saß bei meiner Frau, Sarah heißt sie, und fühlte mich so hoffnungslos, so unendlich traurig, ich hab' immerzu ihren Namen gerufen, Sarah, meine liebe Sarah, nun wach doch auf, bitte Sarah, meine allerliebste Sarah ... ich kann mir ein Leben ohne Sarah gar nicht vorstellen, was soll ich denn ohne sie? ... jetzt, da wir alt sind ... es ist eine Tortur, wenn ich mir vorstelle, dass sie sterben muss ... und plötzlich hörte ich jemanden singen ... ich spitzte meine Ohren ... wie komisch! ... das gibt's doch nicht! ... dachte ich, denn ich erkannte plötzlich die Sprache, es war eine Stimme, die auf Galicisch sang, ein Weihnachtslied! ... und da lief ich schnell aus dem Zimmer und genau in dem Augenblick hörte die Stimme auf zu singen, da habe ich die Schwester gefragt, aber die hatte nichts gehört, sagte sie, was für ein Lied? Nein, ganz bestimmt nicht ... sie war gerade beim Telefonieren, und ich erzählte ihr, dass das eine Sprache sei, die nur ein paar Leutchen sprechen, so drei, vier Millionen vielleicht, und die Schwester sagte:
‚Sie haben schon lange nicht mehr richtig geschlafen, Sie müssen sich mal etwas ausruhen von dem vielen Reden am Bett Ihrer Frau ...

Sie haben sich das sicher nur eingebildet, sowas kommt öfter hier vor. Gehen Sie und schlafen ein paar Stunden.'
„Die dachte wohl, ich hätte sie nicht mehr alle', sagte das polnische Männchen, „aber ich wusste, dass ich jemanden auf Galicisch singen gehört hatte, so dass ich wieder zu meiner Sarah zurückging, und gerade als ich in ihr Zimmer kam, fing das Singen wieder an, und ich hab' das Lied erkannt, das haben sie immer bei ihren Festen und Feiern gesungen, und ein paar Mal waren wir auch mit ihnen in so einem galicischen Kulturzentrum, und die Leute da sangen auch dieses Lied, dabei liefen ihnen die Tränen ..."
„Die galicische Hymne", sagte sie. „Ich bin's gewesen ..."
„Unglaublich", murmelte das kleine Männchen. „Und wie fühlen Sie sich da in dem fremden Land?"
„Das ist ein unbeschreibliches Gefühl", sagte sie, „und es ist wirklich sehr seltsam, denn meine Familie musste aus Pommern flüchten, Sie wissen ja sicher, wie das ist ... und manchmal kommt mir das so vor wie das verlorene Pommern, obwohl sie sich wirklich gar nicht ähnlich sind ..."
„Pommern ... Pomorze ...", murmelte das Männchen. „Ich bin aus dem polnischen Galicien, Sie wissen ja ... wir sind auch Emigranten."
Er war ganz gerührt.
„Mein Gott", sagte er, „so viele Flüchtlinge und Emigranten, die Welt ist anscheinend voll von Leuten, die von einem Ort zum anderen ziehen ... und ich weiß nicht recht, ob ich wohl mein verlorenes Pommern je wiedergefunden habe ... wo könnte das gewesen sein?"
Er versank in tiefes Nachdenken.
„Ach ja", rief er aus, „jetzt fällt's mir ein, jetzt weiß ich, wo ich auf mein verlorenes Galicien gestoßen bin, jetzt weiß ich's wieder ... es war gerade da in Buenos Aires, aber es ging gar nicht um Argenti-

nien. Es waren jene Galicier, es ist schon über 30 Jahre her, es waren die Galicier, die ewig und drei Tage von Galicien redeten, und die uns so lieb aufnahmen ... ganz so, als gehörten wir zu ihrer Familie ... bei denen hab' ich wohl mein Pommern gefunden ..."
Er blickte sie ganz versonnen an, ganz vertieft in seine Gedanken lächelte er vor sich hin, als wenn er sich in einem Traum befände.
„Denn wir hatten ja in der Zeit unser Galicien schon längst nicht mehr", sagte er plötzlich ganz aufgeregt, „wir sind Juden, und unser Galicien ... ja, das hat die Erde verschluckt ... und die Galicier in Buenos Aires, die so lieb zu uns waren, die glichen unseren polnischen Leutchen in Galicien, immer machten sie was zu essen, oder brieten fröhlich irgendwas, mal kochten sie an einer Suppe für die Kinderchen, immer stand da was auf dem Tisch, die ließen niemanden fortgehen, ehe der nicht etwas zu sich genommen hatte ... jetzt weiß ich's wieder, das war in Buenos Aires, die haben uns wieder aufgerüttelt mit ihrer galicischen Kohlsuppe, komm, hieß es, du iss mal eine Schüssel Suppe, du wirst schon sehen, alles kommt in Ordnung, und zu den alten Leuten sagten sie, komm, Alterchen, nun iss mal erst deine Suppe, weine nur nicht, du wirst schon sehen, wie das schmeckt ... und danach trinkst du ein Gläschen ... wir haben damals so viel zusammen gelacht, wir waren ja noch jung und glücklich, wir hatten gerade erst geheiratet, und dann wurde unser kleines Mädchen geboren, am Anfang war das gar nicht so leicht mit dem Geschäft, aber die Galicier heiterten uns auf und machten uns Mut, und dazu stellten sie immer gleich einen Teller vor uns hin ... immer gab es was zu essen ..."
„Die Galicier geben einem immer was zu essen, das stimmt", sagte sie. „Das ist eine ihrer Charaktereigenschaften. Was anderes kriegst du vielleicht nicht, aber zu essen immer, die lassen keinen weggehen, ohne ihm was auf den Teller zu tun ..."

„Genau", sagte das polnische Männchen mit den blauen Augen, „als unser kleines Mädchen geboren wurde, da haben sie sogar ein Festessen für uns ausgerichtet, um die Geburt der Kleinen gebührend zu feiern ... was für ein köstliches Essen kam da auf den Tisch! So wunderbare Fleischpasteten, und so eine Fischpastete mit Rosinen, Schalentiere aller Art und solche Holztellerchen mit Tintenfisch, da streuten sie Paprika drauf ... wie köstlich das schmeckte!"
„Da wurde doch sicher auch die galicische Hymne gesungen", sagte sie.
„Na klar", sagte das polnische Männchen.
Und zum Erstaunen und Entzücken der multikulturellen Familien, die im Aufenthaltsraum der Intensivstation ihre Gebete verrichteten, fingen beide an, die galicische Hymne zu singen, eine Deutsche mit einem polnischen Juden aus Galicien, und die dominikanische Großmutter hielt inne in ihrer langatmigen Gebetsübung und stimmte mit einer erstaunlichen Ursprünglichkeit in den Gesang ein; sie konnte den Text nicht richtig, aber es war ganz offensichtlich, dass sie die Melodie mit all ihren Feinheiten sehr wohl beherrschte. Und danach gab es eine Runde Umarmungen und tränenreiche Ausbrüche, und die dominikanische Großmutter erzählte dem polnischen Männchen, dass sie sehr wohl wusste, wer die Galicier sind, und dass sie bei ihren Festen immer bei diesem Lied weinten, und dass sie wohl wusste, dass die Galicier immer was zu essen auftischten, und zwar immer etwas besonders Leckeres, und dass sie aus fast allem unbeschreibliche Suppen zu kochen verstanden.
Und dann setzte sich ihr jüdischer Mann aus Kasachstan zu ihnen und sie sangen noch die schönsten Lieder, und zum Schluss sagte die dominikanische Großmutter:
„Jetzt verstehe ich das erst richtig, es ist die galicische Hymne, die uns alle so bewegt, denn jetzt fällt mir noch ein, dass die so ein gali-

cisches Wort haben, es heißt morriña, und ist wie das deutsche Wort Heimweh, die Galicier drücken so ihre Sehnsucht nach der Heimat aus, von ihnen mussten ja auch so viele auswandern, die Ärmsten!"
Und dann redete sie mit dem polnischen Männchen und machte ihm klar, dass er nicht die Hoffnung verlieren solle, denn seine Frau, die Sarah, die würde bald aus dem Koma erwachen, genau so wie ihre Enkelin, ihr weißes Täubchen; sie hätte diese starke Vorahnung, sagte sie, und auf die konnte man sich verlassen, denn sie war ja bald hundert Jahre alt und rauchte jeden Tag eine Zigarre und trank ihre Gläschen Rum um die Mittagszeit und abends auch noch eins, und sie behauptete, dass diese beiden Frauen im Koma genauso stark wie sie seien, und sie habe aus der Asche ihrer Zigarre gelesen, dass die beiden auch fast hundert Jahre werden würden, und sie wäre dabei, für beide zu beten, für ihr weißes Täubchen und für Sarah.
Sie ging mit dem polnischen Männchen seine Frau Sarah besuchen, legte ihr die Hand auf den Kopf und sagte dann:
„Ja, aber welche schöne Farben hat deine Frau! Sie sieht ja aus wie eine Rose, guck sie nur an, wie wird denn deine Sarah sterben? Daraus wird nichts. Du, erzähl ihr immer schön Geschichten auf Yiddisch und Polnisch und sing ihr solange was vor, bis sie aufwacht. Sie wird wieder zu sich kommen und das wird gar nicht lange dauern, ich weiß es ganz bestimmt."
Ihre Voraussage erfüllte sich, denn Sarah starb nicht, sondern erwachte schon am nächsten Tag aus dem Koma, und was ihre Enkelin betraf, das weiße Täubchen, so wurde sie mit einem Hubschrauber in die Mayo Klinik gebracht, um sie dort in ein neues Programm aufzunehmen, in dem sie die Patienten mit uralten und geheimnisvollen Pflanzensäften vom Amazonas behandelten, und sie wurde glücklich wieder gesund.

17
Über Yoringels Füße im grünen Atlantik; von der Träne des verlorenen Kaimans und Dürers Tinte

Als sie seine Füße berührte
dreizehn Minuten nach sieben
im grünen
Atlantik
Dürers Tinte

Als sie ins Wasser tauchte
zerfloss die halbe Minute
im grünen
Atlantik
jener Träne des verlorenen Kaimans

Als sie begann, seine Füße zu küssen
Andante Andante
schluckte der Atlantik
die Zeit
ließ sie mit ihm allein
Sie konnte sich nicht lösen
während sie seine Füße küsste
sie wagte es nicht
Der Atlantik verschlang die Zeit
Andante Andante
ließ sie mit ihm allein

Die Füße so weiß
blickten sie an
im grünen Atlantik
sie sagten
bemale uns mit deinen Küssen
In Dürers Tinte
jener Träne des verlorenen Kaimans

Allein mit seinen Füßen
im grünen Atlantik
Dürers Tinte
morgens
um dreizehn Minuten nach sieben

18
Wie Albert seiner Tochter von Emma, Berta und Lena beim
Tanzen erzählt; wie die Bienen wimmern; warum der Krieg
schon alt geworden war; dass Alberts kleine Tochter aussah
wie ein Buttertröpfchen und davon, dass es Flüchtlinge gibt

Albert war ihr Vater. Er blickte sie nachdenklich an mit seinen erstaunlichen blauen Augen und erzählte ihr, dass seine Schwestern Emma, Berta und Lena behaupteten, dass er das wunderbarste Kind auf der ganzen Welt sei, sie waren ganz närrisch nach ihm, sagte Albert, du meine Güte! Er lachte und lachte und fing an, komische kleine Zöpfchen in ihre blonden Haare zu flechten.
Albert erzählte ihr, dass seine Schwestern immer tanzen gingen, und dass sie davon wirklich eine Ahnung hatten, denn sie liebten Bälle und Tanzereien, aber wenn sie nach Hause kamen, fielen sie giftig über ihre jungen Freier her: Mein Gott, wie die redeten, wie die wahren Tölpel, die besaßen ja gar keinen Wortschatz! Und was für rote Ohren sie alle hatten, die hatten sie wohl mit Bürste und Kernseife gescheuert, um beim Tanz zu erscheinen!
Und dann ging das Gekicher und das Gegacker los, sie konnten sich gar nicht halten vor Lachen, sie warfen sich kreischend in ihre Federbetten und quietschten wie die Frühlingshühnchen, so dass sie

Hulda, ihre Mutter aufweckten, die schneidend fragte, was sie wohl glaubten, wie spät es denn verflixt nochmal sei? Sie traute weder Uhren noch Weckern, denn sie war selbst eine Uhr und erwachte pünktlich jeden Morgen um sechs. Das war ihre Lieblingsstunde, und eine wahre Qual für den Rest der Familie, immer die erste an Bord, sagte Albert, welch energische Kapitänin des Hühnerhofes! Sie tauchte wie ein Morgengespenst auf, ein wahrer Schrecken, frisch und sauber, so richtig nett und adrett, und es war offensichtlich, dass sie sich schon ordentlich eingeseift hatte und dann einen Haufen kaltes Wasser über sich geschüttet hatte, sie präsentierte sich piccobello, ihre Stimme klang zuversichtlich und klar, ach war es schon wieder früh morgens? Um Gottes willen, sagte ihr Vater, wie ungeheuer fleißig sie war! Immer bereit, auf den Feldern mitzuhelfen, ohne Unterlass arbeitete sie voll heiterer Energie vor sich hin, immer vergnügt; ziemlich lästig das Ganze, denn alle anderen schienen konfuse und perplexe Faulpelze verglichen mit ihr, die konnten sich noch so anstrengen und fast die Knochen brechen bei der harten Feldarbeit, sagte ihr Vater, und sahen doch aus wie faule Kuchenfresser, die sich durch den Tag träumten, vor sich hin faulenzten und dem Grillengesang zuhörten.

„Wer von uns kann denn bei dieser sublimen und hochkarätigen Vollkommenheit mithalten?" beklagten sich ihre Töchter.

„Ich möchte ja nicht unverschämt sein", sagte Emma, „aber könnte sie nicht einen Augenblick innehalten bei all dieser schweren Arbeit wie im Bergwerk und einen Blick aus dem Fenster werfen, während sie Klavier spielt?"

„Ach, Mama", sagte die Kleine, „Berta, musst du wirklich die ganze Zeit diese elend langen Strümpfe stricken während du über die Felder wanderst, um die Arbeiter zu beaufsichtigen? Es sieht so lächerlich aus."

„Das ist mir vollkommen wurscht. Ich muss als Vorbild dienen, damit die sich ein Beispiel daran nehmen können", erwiderte Hulda ungerührt, „nur so sehen sie meine Arbeit."
Ein heiterer, lächelnder und friedfertiger Mensch wie Inmanuel, ihr Mann, ein sachkundiger Jäger, etwas langsam und immer gewillt, der Balalaika eine wundervolle geigenähnliche Melodie zu entlocken, war in den Augen seiner Frau eine Art herumwandernder Künstler, und gerade deshalb liebte sie ihn wohl so sehr.
Und so ließ Hulda ihre helle frische Stimme resolut ertönen:
„Wollt ihr denn die Nacht zum Tag machen? Macht, dass ihr ins Bett kommt!"
Die drei Mädchen kringelten sich unterdessen vor Lachen und antworteten, dass sie so etwas gar nicht im Sinn hätten; der Tag hätte ja noch nicht begonnen, es wäre ja erst fünf Uhr, und Nacht wäre es auch nicht, und sie fuhren fort mit ihrem Gelächter.
„Habt ihr den Karl gesehen, und wie der dich angesehen hat wie ein krankes Huhn? Der hat's auf dich abgesehen, Emma, darauf kannst du wetten, pass bloß auf ... der hängt die ganze Zeit an deinem Rockzipfel, wie klebrig! Was will der verliebte Fliegenjäger eigentlich von dir, Emma?" lachte Lena aus vollem Halse.
„Außerdem ... guck dir mal seine Hosen an, wie lächerlich! Die waren ja viel zu kurz, er glaubte wohl, dass der Ballsaal voller Wasser stünde, nur deshalb kam er vorsichtshalber gleich in Hochwasserhosen ...", sagte Berta.
„Nun lasst mal das Gegicker und Geschrei sein", gähnte Emma, „marsch ins Bett! Heute ist Sonntag ... es gibt Schokoladentorte ..."
„Ist Albert immer noch nicht gekommen? Wo mag der sich bloß herumtreiben?", murmelte Lena und schlüpfte unter ihr Federbett. Einer ihrer schwarzen Zöpfe hing glänzend herunter, er reichte fast bis zur Erde.

„Komm, mein kleines Täubchen", sagte Albert.
Sie war auf seinem Arm fast eingeschlafen.
„Erzähl mir noch weiter von Emma, Berta und Lena", gähnte sie.
„Schlaf jetzt", sagte Albert.
Er gab ihr einen Kuss und schloss das Fenster.
„Albert", sagte sie von ihrem Bettchen aus.
Er deckte sie zu.
„Wo schläft die Nacht?"
„Im Schwarzen Meer", sagte Albert. „Jetzt musst du schlafen."
„Sag mir, wie ich aussah, als ich zwei Monate alt war", sagte sie.
„Jetzt doch nicht", sagte Albert.
„Doch", sagte sie. Albert seufzte.
„Naja, ich kann mich noch sehr gut an dich erinnern", sagte er, während er sie anguckte und mit einem Finger über ihre Augenbrauen strich, „du sahst aus wie ein Buttertröpfchen, gelb und glänzend, mit drei Härchen auf dem runden Babykopf und du hast mich natürlich sofort erkannt, ich trug dich im Arm und du hattest so ein ganz winzigkleines Lächeln im Gesicht, denn weil dein Gesicht so winzig war, war auch das Lächeln ganz klitzeklein ... auf dem Dach turtelten die Tauben, und deine Mutter erzählte mir, dass sie so glücklich war, denn du warst plötzlich da und hast sie richtig angeguckt ..."
„Und was hab' ich gesagt, als ich dich gesehen hab'?"
„Ja, du weißt ja, wie die Bienen wimmern, man kann es fast nicht hören, da ist so ein Schischischi ... das hast du gemacht ... es war kaum zu hören, aber du hast mich sofort erkannt ... du warst so klein und schlau ... und leicht wie eine Vogelfeder ..."
„Albert", sagte sie.
„Was ist, meine Kleine?", fragte Albert und rollte eine ihrer Haarsträhnen um seinen Zeigefinger.
„Wie konntest du denn aus dem Krieg flüchten, Albert?"

„Weil ich Angst hatte, jemanden zu töten oder dass ich selbst sterben müsste", sagte Albert und lachte wie toll, während er ihre Nase mit Küssen bedeckte, „im Krieg da wollen sie dich zum Soldaten machen, die geben dir eine Uniform und reden davon, dass du dein Vaterland verteidigen sollst, es ist einfach scheußlich, du gehst da rum wie eine Vogelscheuche in einer Uniform, mit so einer blöden Waffe, denn die wollten wirklich, dass du andere Leute umbringst."

„Hast du die Uniform einfach weggeschmissen?", fragte sie.

„Na klar", sagte Albert, „ich hab' das blöde Zeug einfach ausgezogen, die Hose war mir sowieso zu eng, mit so einer Jacke aus grobem Stoff, ich sah aus wie ein Bettler ... da hab' ich meine Kleider genommen, mein Leinenhemd, eine Cordhose mit der Jacke, und einen Pullover. Ich hab' mich einfach im Keller versteckt, da guckte ich auf die Kastanienbäume, das Licht spielte in den Blättern und sie machten so ein schönes windiges Geräusch ..."

„Und der Krieg, wo war der?"

„Der Krieg war schon alt ... fast sechs Jahre alt ... wo der Krieg war? Irgendwo und nirgendwo ... fast überall ... aber weil der Krieg keine Eile hatte, hab' ich das aufgeschoben. Im Wald, da war es schön, da gibt es immer was Interessantes zu sehen ..."

„Und was sieht man da?", fragte sie und wühlte in seinen Haaren; sie waren so schön dunkel und ein bisschen lockig.

„Na im Wald, da gibt es alles Mögliche, Wölfe und Füchse ... da gibt es Heidelbeeren und Brombeeren ... und Preiselbeeren, mal ein paar Pilze ... manchmal hab' ich einen Hasen erwischt oder ein Kaninchen, das hab' ich dann in meinem Hauptquartier gebraten, denn da gab es eine Pritsche, Wasser und das Allernötigste; es waren auch ein paar Kartoffeln da, und einmal hab' ich auch ein paar Eier gefunden, das weißt du ja schon ... die Hühner lassen irgendwo mal ein Ei fallen ..."

„Ich weiß", sagte sie, „gestern hab' ich drei Eier im Gemüsegarten unter dem Apfelbaum gefunden ... die Hühner haben die da einfach fallengelassen, die haben sich wohl verirrt!"
„Nachts bin ich im Fluss geschwommen", sagte Albert, „es war zwar nicht Sommer, aber der Frühling war schon ganz nah ... Da hörte ich eine Kuh muhen, die hatte sich wohl verirrt, die Arme, sie wusste gar nicht, wo sie war ... sie hatte so viel Milch, sie tat mir richtig leid ..."
„Kühe sind doch nette Leute", sagte sie.
„Natürlich", sagte Albert und gab ihr einen Kuss.
„Erzähl weiter, Albert", sagte sie. „Du wolltest gerade die Kuh melken, und was war dann?"
„Na plötzlich ... ich hab' mich schön erschrocken! Plötzlich hab' ich Russisch gehört!", sagte Albert. „Die Russen waren gekommen! Sie waren in Pommern eingefallen! Das Einzige, woran ich da noch denken konnte ... das Einzige ..."
Die Tränen liefen ihm übers Gesicht.
„Sei nur nicht traurig, Albert", sagte sie und kletterte auf seinen Rücken, während sie ihn auf den Nacken küsste und von hinten seine Tränen abwischte, „von mir aus kannst du weinen, du machst das ja so schön, aber sei bloß nicht traurig! Ich erlaub' dir das nicht, Albert. Erzähl mir immer schön weiter, Albert, nun komm schon."
„Weißt du was?", sagte Albert.
„Ja", sagte sie.
„Und was ist es?", fragte ihr Vater.
„Dass es kein Märchen ist", sagte sie.
„Wie schlau ist doch mein kleines Täubchen", sagte Albert.
„Ich weiß, ich weiß", sagte sie ungeduldig. „Erzähl nur weiter."
„Also ... das Einzige, woran ich denken konnte, war ...", sagte Albert, „ob deine Mutter wohl mit Hagen in Bayern angekommen war, und dass du bald geboren werden würdest ... und dass ich gar nicht

dabei sein konnte, um zu gucken, wie du aussehen würdest ... und dass ich überhaupt nicht in Bayern anrufen konnte ... wo sollte ich denn das Telefon herkriegen? Das war viel zu gefährlich ... aber es war mir so, als ob Lissy gut angekommen sei ... ich wusste es ..."
„Warum?", fragte sie. „Und weine nicht."
„Weil deine Mutter ein wahres Wunderwesen ist", sagte Albert.
„Mach weiter, Albert", sagte sie.
„Als ich die russischen Stimmen hörte, hab' ich mich hinter den Brombeerranken versteckt", sagte Albert. „Sie redeten über Waffen, und dass sie nicht genug davon hätten. Ich hatte keine Angst, denn ich wusste, dass die mich nie finden würden. Ich wusste auch, dass ich sie überholen musste, um so schnell wie möglich nach Bayern zu kommen. Ich lief weg, so schnell ich konnte, meistens lief ich durch den Wald, nachts ging ich auf den Straßen, manchmal erwischte ich einen Pferdekarren, dann einen Zug, und es ging tagelang so, und dann noch so einen alten Kahn, und schließlich kam ich in Bayern an, im Haus der Turteltauben ... wo du geboren bist. Die Reise war sehr gefährlich ... denn ich war ja aus dem Krieg abgehauen ... ich tat, als wäre ich taubstumm und machte sonst die tollsten Sachen ... einmal haben mich die Amerikaner festgenomen, ich verstellte mich, als wenn ich nicht ganz da wär', und nachts bin ich aus dem Gefangenenlager entwischt ... dann sprang ich auf einen Zug und als ich schließlich in Bayern ankam, im Haus der Turteltauben, sah ich ganz zerlumpt aus, ich hatte einen Bart und sah aus wie ein Landstreicher, und als Oma die Tür aufmachte, hat sie mich erst gar nicht wiedererkannt und sich schön erschrocken ... da hörte ich ein Baby weinen ... und als ich sagte:
‚Käthe, Käthe, weißt du nicht, wer ich bin? Ich bin doch der Albert! Sind sie angekommen?'

‚Natürlich', sagte sie. ‚sie sind hier! Mein Gott, Albert! Ich wusste, dass du als erster aus dem Krieg kommen würdest! Ich wusste es! Mein Gott! Albert, komm, dein kleines Mädchen ist geboren!'
„Nun weine nicht, Albert", sagte sie. „Erzähl weiter."
Sie schlang ihre Arme um seinen Hals.
„Erwürg mich bitte nicht", sagte Albert. „Meine kleine Königin vom Schwarzen Meer."
„Und wieso wusste Oma, dass du als Erster zurückkommen würdest?"
Albert lächelte.
„Sie wusste, dass ich ein Feigling war ... und dass ich überhaupt keine Lust hatte, mein Vaterland zu verteidigen, denn ich hatte ja gar kein Vaterland ... vielleicht eher ein Mutterland ..."
„Und wo ist dein Vaterland?"
„Keine Ahnung", sagte Albert. „Ich bin Deutscher ... und bin außerdem aus einer deutschen Kolonie. Vom Vaterland verstehe ich nichts. Ich hab' immer gewusst, dass ich nicht in den Krieg ziehen würde ... auf keinen Fall. Und weil die Familie das ja schon alles besprochen hatte, dass wir alle, was immer auch geschehen würde, uns in der Hütt' in Bayern wiedersehen würden, da hab' ich immer schon gedacht, dass ich als Erster ankommen würde ..."
„Aber die Erste, die ankam, war Lissy mit Hagen", sagte sie. „Du warst nicht der erste."
„Ich war der erste von allen Männern, die in den Krieg mussten", sagte Albert.
„Du warst ja gar nicht im Krieg, Albert", sagte sie.
„Ganz richtig", sagte Albert. „Die Deutschen wollten mich in den Krieg schicken, und die haben mich gleich in die SS genommen, als wir 1940 aus Bessarabien ankamen; sie machten das mit allen Jungen, die aus Bessarabien kamen. Ich war gerade mal zwanzig, sie

gaben mir so eine Uniform von der SS, grässlich! So ein raues und hässliches Zeug! Und als ich die kennenlernte ... vor denen konnte man das Zittern kriegen! Da bin ich einfach abgehauen ... mal hier, mal dort ... ich wollte auf keinen Fall in den Krieg, denn der Krieg hatte schon vor einem Jahr angefangen! Zu der SS wollte ich auf keinen Fall gehören, was sollte ich denn da ... so ein vaterloser Geselle! Und die Russen haben mich auch nicht gekriegt, auch die Franzosen und die Engländer nicht, denn ich bin immer verschwunden, sobald ich nur konnte, und als mich die Amerikaner gefangennahmen, bin ich einfach abgehauen, das weißt du ja ... Die anderen Männer der Familie kamen viel später nach Hause; der Großvater war bei den Norwegern und Onkel Fritzi, Lissys kleiner Bruder, war erst bei den Franzosen, danach bei den Engländern und schließlich bei den Amerikanern ... die kamen später zurück."

„Albert", sagte sie.

„Was ist, mein Täubchen?", fragte Albert.

„Und ... warum bist du aus Bessarabien weggegangen, wenn es doch so groß und schön war wie ein Paradies?"

„Wir mussten alle weg", sagte Albert. „Hitler hat uns heim ins Reich gerufen, damit wir dort Reichsdeutsche sein sollten, und am 22. Oktober 1940 mussten wir alle weg aus Bessarabien, stell dir das mal vor! Unsere Familie lebte dort seit 125 Jahren! Wir waren dreiundneunzigtausend Leute ..."

„Ach bitte nicht ... Das ist so traurig, es ist kein Märchen! Erzähl mir lieber von Bayern, und wie du mich kennengelernt hast ... und wie ich war als Baby ...", sagte sie.

„Ich kam rein", sagte Albert, „und da kam Lissy schon angerannt und umarmte mich ganz fest, und weinte und lachte, und umarmte mich wieder und wieder und gab mir tausend Küsse, und dann erzählte sie mir, dass du schon vor zwei Monaten zur Welt gekommen

warst, und dann kam Hagen, er konnte schon laufen, er hatte immer noch diese Steckkontaktnase, und so ganz weiße Härchen, und er rief: ‚Vati, Vati', und ich hob ihn hoch in die Luft; er war sehr gewachsen und alle Wörter, die er sagte, konnte man verstehen ... als ich ihn das letzte Mal gesehen hatte, da war er noch ein richtiges Baby, er war ja noch nicht mal ein Jahr alt ... ungefähr neun Monate ... ein kleines Bürschchen, das viel lachte ..."
„Und wo war ich denn?" fragte sie ungeduldig.
„Ja, sie führten mich in ein Zimmer, und sagten die ganze Zeit: ‚Schsch, sei still, mach keinen Krach, das Kindchen schläft', und dann sah ich ein etwas merkwürdiges Babybettchen ..."
„Warum war das denn so merkwürdig?"
„Die Bettchen für die ganz kleinen Kinder sind doch meistens Wiegen, runde oder ovale Korbbettchen, aber deins war viereckig, es hatte weder Räder noch Kufen wie eine Wiege ... nachher erzählte mir Lissy, dass es eine leere Munitionskiste war, stell dir das mal vor!"
„Aber Albert ... ich weiß doch gar nicht, was das ist, Munition ..."
„Kugeln und Geschosse, damit schießt man im Krieg ... jedenfalls war keine Wiege für dich da, nach dem Krieg gab es ja solche Sachen gar nicht, man konnte fast nichts kaufen, das Einzige, was sie hatten, war eine leere Munitionskiste, die haben sie mit Stoff und Decken abgefüttert. Es sah gar nicht mehr aus wie eine Munitionskiste, sie hatten das sehr gut gemacht, mit blauen Bändern, sehr schön, und der Stoff war blau und rot geblümt ..."
„Hast du das Baby, das ich war, in der Munitionskiste gesehen?"
„Erst hab' ich gar nichts gesehen, aber dann vernahm ich so ein leises Fiepen oder Zirpen, so ein Schischischi wie von einer Biene, die glücklich im Traum redet ... als ich dann ganz dicht dran war, sah ich ein winziges Gesichtchen mit geschlossenen Augen ... das Mündchen

stand etwas offen, beinahe hätte ich vor Freude geweint, du warst ein so süßes Ding! ... dann hast du deine Äugelchen aufgemacht, so blau wie Huldas Augen ... und dann hast du ein ganz kleines Lächeln für mich gemacht, so als wolltest du mich begrüßen ... dann hast du mir so ein ganz feuchtes Küsschen gegeben, als ich dich auf den Arm nahm, was für eine winzige Königin! Ein Buttertröpfchen, glänzendgelb! So blonde Härchen! Und so ein paar liebe kleine blaue Augen, die mich anguckten, als wollten sie sagen: ‚Ich hab' dich lieb'.
„Aber ich konnte doch noch gar nicht sprechen, nicht wahr, Albert?"
„Mit dem Mund vielleicht nicht, aber deine Augen haben zu mir gesprochen."
„Und hast du mit mir gespielt?"
„Na klar, ich hab' ein bisschen mit dir gespielt, und dann bist du wieder eingeschlafen, mir haben sie so ein schönes heißes Bad gemacht, na ich sah vielleicht aus! Dreckig und staubig, also wenn Emma, Berta und Lena mich so gesehen hätten, ich sah ja aus wie ein Schweineigel! Ich war elend lange unterwegs gewesen, Tag und Nacht, man konnte sich ja nirgendwo waschen, bloß ein paar Mal hab' ich mich in einem Bach oder an einer Pumpe gewaschen ... meine Kleider standen starr vor Dreck und waren obendrein zerlumpt, ich sah wahrhaftig aus wie ein Landstreicher. Sie suchten nach Kleidern für mich, es gab noch Männerkleidung im Haus, was es nicht gab, das waren Männer, und jetzt war der Erste von ihnen aus dem Krieg gekommen, er würde für längere Zeit der Einzige bleiben ..."
„Von wem waren denn die Kleider?"
„Die gehörten einem General, es waren sehr elegante Kleider ... der General war Omas Mann, er war an einem Ort gestorben, der Stalingrad hieß."
„Wo ist dieses Stalingrad?" fragte sie.

„In Russland, mein Täubchen", sagte Albert.
„Und gibt's das immer noch?"
„Jawohl", sagte Albert, „das existiert noch."
„Na, Gott sei Dank, denn die anderen Orte gibt's ja wohl nicht mehr, Pommern nicht und auch nicht Bessarabien, Neu-Sarata nicht, und überhaupt nichts, und es lohnt sich auch gar nicht, sich darum noch Sorgen zu machen."
„Ganz richtig", sagte Albert. „Und die Ländereien gibt es sicher noch, und manche Häuser sind auch noch da, aber die gehören jetzt anderen Leuten. Wir sind Umsiedler und Flüchtlinge, weißt du, was das ist?"
„Das weiß ich wohl", sagte sie.
„Was ist das denn?", fragte ihr Vater.
„Wir mussten da fort, aus den Häusern und von den Feldern, und jetzt wohnen da andere Leute, aber wir sind nicht mehr traurig."
„Logisch und chronologisch", sagte Albert, „und weißt du, was das Allerwichtigste ist?"
„Ja", sagte sie.
„Na, und was war das noch?", fragte Albert und setzte so ein richtiges Kaspergesicht auf.
„Dass du mir sofort einen Kuss gibst", sagte sie.
„Ganz richtig", sagte Albert, „meine allerliebste kleine Hexe vom Schwarzen Meer."

19
Von Jorindes und Joringels Leidenschaft, und wie sie für immer und ewig zusammenkommen können; und davon, wie zwei Seelen voneinander getrennt leben und ruhen

Draußen, die schlafende Welt

Verzaubertes Erwachen

Draußen, die schlafende Welt

Der verwirrende Klang der Stare

entfaltet seine Flügel

Verzaubertes Erwachen

Die Küsse in ihrem Gesicht

Draußen, die schlafende Welt

öffnet ihre Flügel

der Leidenschaft

Verwundert

erwacht

ihr Herz

Draußen, die schlafende Welt

20
Von den Amerikanern und wie sie in das Haus der Turteltauben eindrangen; wie Peppi Franke und das Baby von Lissy in einer Munitionskiste schliefen; von der Schweizer Flagge, die Oma auf dem Dach hisste; und wozu das rostige alte Schießgewehr gut war

Im Jahre 1945 war Omas Haus am Ammersee bis zum Dach voll mit Frauen und Kindern. Außer Lissy mit Hagen und dem neugeborenen Baby lebten dort auch noch zwei Töchter von Oma mit ihren kleinen Kindern. Oma war nicht etwa Lissys Großmutter, sondern die Schwiegermutter von Thilo, Lissys Bruder, der mit einer ihrer Töchter verheiratet war. Zusammen wohnten in dem romantischen Häuschen, Die Hütt genannt, mindestens sechs kleine Kinder mit ihren Müttern zu einer Zeit, zu der das Essen sehr knapp war und auch sonst nicht genug von all dem da war, was man so brauchte, um kleine Kinder aufzuziehen. Obendrein erschienen häufig die Alliierten, die Amerikaner, um in das Haus einzudringen, denn sie vermuteten, dass im Haus noch eine weitere Familie wohnte: Frau von Ribbentrop und ihre Kinder. Sie waren Verwandte von Oma. Die Familie hatte sich von ihnen abgewandt, als von Ribbentrop in die nationalsozialistische Partei eintrat. Sie hatten die ganzen Jahre kaum Kontakt mit ihnen gehabt. Jetzt saß von Ribbentrop in Nürnberg. Von seiner Frau und den Kindern wusste man nicht, wo sie sich aufhielten. Aber das Rätsel würde sich bald lösen.
In einer dunklen Nacht klopfte es draußen an die Gartentür. Es war so um elf Uhr herum. Alle außer Oma schliefen fest; sie hörte das Pochen und ging zur Tür. Sie war fest davon überzeugt, dass es diesmal nicht die Amerikaner waren, denn die machten jedesmal

einen furchtbaren Krach und donnerten an die Tür während sie laut schrieen:
„Open the door!!"
Als sie die Tür öffnete, standen da vier schweigende Kinder und eine furchtsame Frau, die Oma in die Augen sah.
Es war Frau von Ribbentrop mit ihren vier Kindern.
Oma seufzte.
„Wir haben uns lange nicht gesehen, sehr lange nicht ... Jetzt tauchst du auf, Anneliese, da bist du nun ... Nach so vielen Jahren, die du bei den Nazis warst. Was für ein schönes Leben! So viele Menschen sind durch euch umgekommen, und jetzt erscheinst du hier. Millionen von Juden mussten sterben, während ihr gelebt habt wie die Würmer im Käse. Komm nur rein, komm, die Kinder zittern ja vor Angst."
Die verschreckten Kinder kamen ins Haus.
Sie machten, so gut sie es vermochten, Betten zurecht; es waren nicht genug da, und so kam es, dass der Kleinste, der drei Jahre alt war, mit Lissys Baby in einem Bett schlafen musste, in besagter Munitionskiste, die von außen und innen bezogen war. Sie legten zwischen die beiden ein Kissen, damit dem Baby nichts passieren sollte und sagten ihm:
„Fass ja nicht das Baby an, es ist noch klein und erschrickt sich sonst."
In der nächsten Nacht kamen wie so oft die Amerikaner, donnerten an die Tür und schrieen:
„Open the door!"
Sie machten nie sofort auf, denn sie mussten erst die Kinder aus den Betten nehmen, die Säuglinge wurden auf den Arm genommen, als ob sie gestillt würden und, die Älteren setzten sie auf die Töpfchen; sowohl in den Decken, mit denen die Kleinen eingehüllt waren, als

auch in den Töpfchen waren Schmuckstücke, Uhren und Dokumente versteckt.

Sie kamen rein und begannen sofort mit dem Verhör, wer war denn diese Frau mit den Kindern, meine Güte, wieviele Kinder!

„Das ist meine Kusine aus dem Dorf", antwortete Oma. Dann ging das Verhör weiter, wie die Kinder denn hießen und die Mütter dazu.

Oma nahm sich am nächsten Tag die Kinder vor und gab ihnen neue Namen, damit sie nicht mit ihren richtigen Namen antworten sollten. Und als die Amerikaner wiederkamen, weinten die Kinder und wollten nichts sagen, bloß der Kleinste, der Dreijährige, war der Einzige, der auf die Frage nach seinem Namen antwortete.

„Wie heißt du?", wurde er von den Amerikanern gefragt.

„Peppi Franke", antwortete er und gähnte. Es war halb zwölf. Er guckte sich die Soldaten an und lachte, denn es kam ihm vor, als wäre einer von ihnen aus Schokolade.

Viele Jahre später, als Lissys kleines Mädchen inzwischen 18 Jahre alt war, war sie zu einem Fest eingeladen. Sie tanzten und tranken Champagner, und als sie so in der Runde standen und lachten, kam plötzlich eine Freundin von Lissy auf sie zu und zeigte ihr einen jungen Mann, der mit einer älteren Dame tanzte.

„Guck mal, siehst du den blonden Jungen dort? Das ist der Jüngste von den Ribbentrops", sagte sie.

Lissys Tochter zeigte kaum Interesse an dem jungen Mann und antwortete:

„Was geht mich das an? Diese Leute interessieren mich nun wirklich nicht, die sind mir unheimlich, mein Gott, ich weiß ja, dass sie nicht schuld daran sind, dass ihre Eltern Nazis waren und obendrein Außenminister; na, Prost Mahlzeit ... Wie entsetzlich! Nein, wirklich, ich möchte mit dem lieber keinen Champagner trinken!"

„Aber hör doch mal, das ist doch der Kleine, der Peppi Franke, warum redest du nicht mal mit ihm? Als ihr damals in der Hütt gewohnt habt, da warst du doch nur ein paar Monate alt und er drei Jahre ...", sagte die Freundin ihrer Mutter.
Da fiel bei ihr der Groschen.
„Ach, der kleine Peppi Franke, der arme Kerl!"
Sie ging direkt auf ihn zu. Sie tippte ihm auf die Schulter und sagte: „Hallo, Peppi Franke."
Er drehte sich um wie der Blitz und sah sie an wie vom Donner gerührt.
„Wer bist denn du?", fragte er.
„Vielleicht kannst du es erraten", sagte sie frech, „wir haben nämlich mal zusammen in einem Bett geschlafen ... das ist schon lange her."
„Was?", sagte er und wurde ganz rot. „Wo soll denn das gewesen sein?"
„In einer Munitionskiste", antwortete sie.
Und Peppi Franke erzählte ihr ganz gerührt, wie zwischen ihm und ihr ein Kissen lag, damit er das Baby nicht quetschen solle, und dass ihm gesagt wurde, er solle ja nie das Kissen wegnehmen, und dass er es aber trotzdem einmal getan habe, er hatte so furchtbare Angst eines Nachts, als die Amerikaner so einen Lärm machten und so laut an die Tür donnerten und dazu schrien:
„Open the door!"
Und er erzählte ihr ganz bewegt, dass er so ein Bild im Gedächtnis bewahrte: wie er in dem Augenblick die Arme um das Baby legte, das friedlich schlief, und wie er zu dem Baby gesagt hatte:
„Weine nur nicht, der Krieg ist ja zu Ende."
Und danach verabschiedeten sie sich bald, denn sie hatten sich außer der Geschichte aus ihrer frühesten Jugend sonst nicht viel mitzuteilen.

Oma ertrug stoisch die häufigen und lauten Besuche ihrer amerikanischen Freunde und Helfer. Aber eines Tages standen ihr die unangenehmen nächtlichen Invasionen der Retter ihres Vaterlandes bis zum Hals. Sie hatte sie gründlich satt.
Sie fing an zu grübeln, was sie wohl unternehmen könnte, damit diese Quälereien endlich aufhörten. Und so kam ihr schließlich eine Idee, denn während einer ihrer Streifzüge auf dem Boden des Hauses, als sie nach Decken und anderen Sachen suchte, die ihr nützlich sein könnten, stieß sie plötzlich auf eine zusammengerollte Flagge. Sie entrollte das muffige Ding und entdeckte, dass es eine Schweizer Flagge war; die Besitzer des Hauses waren Schweizer.
„Da haben wir aber mal Glück gehabt", dachte sie. „Denen werde ich einen schönen Schrecken einjagen!"
Sie trug die Schweizer Flagge in die Küche, um sie zu waschen und zu bügeln.
„Was machst du denn da?", fragte Lissy, die gerade in die Küche gekommen war, um das Essen zuzubereiten, ein tolles Essen! Eine Brennnesselsuppe mit ein paar Bohnen und Kartoffeln drin, denn für die Erwachsenen war nie genug da, manchmal auch gar nichts.
„Du wirst schon sehen", antwortete Oma. „Jetzt wollen wir doch mal sehen, wie wir dieses Volk verscheuchen können, diese unglückseligen, groben Menschen kommen mir nicht mehr ins Haus, das ist schon mal klar."
„Was hast du denn vor?" fragte Lissy erschrocken. Sie wusste, wie unglaublich energisch Oma sein konnte.
„Ich wird' denen einen schönen Schreck einjagen, diesen feigen Burschen werde ich's jetzt mal zeigen ... ich muss natürlich alles genau überlegen ... denn diese frivolen Söhne ihrer Mutter kommen mir nicht mehr durch die Tür, jetzt reicht's mir, die werden sich noch blau und grün wundern, das schwöre ich! Die sollen mir bloß noch

mal ankommen, diese Barbaren, kennenlernen sollen sie mich, diese Kuhhirten."
Lissy war sehr beunruhigt und redete mit ihren Schwägerinnen. Was hatte Oma vor?
Als sie sie fragten, antwortete Oma nicht, sie nahm einfach die Flagge und stieg damit zum Boden hinauf. Von dort kletterte sie durch das Dachfenster und machte sich unter Seufzern und Geschimpfe daran, die Flagge auf dem Dach zu befestigen.
Für den Rest des Tages wurde von der Schweizer Fahne nicht gesprochen, keiner wagte etwas zu sagen, sie aßen zu Mittag, der Nachmittag kam, sie spielten im Garten mit den Kindern, machten ihre Hausarbeit, brachten die Kinder ins Bett und gingen selber schlafen.
Irgendwann wachten sie wie so oft vom Donnern an der Tür und dem Geschrei dazu auf.
„Open the door! Open the door!"
Sie standen alle auf, um wie immer den Schmuck in den Kinderdecken und Töpfchen zu verstecken, aber da kam Oma und sagte mit glänzenden Augen:
„Damit ist jetzt Schluss. Lasst die armen Kleinen schlafen und legt euch wieder hin. Hier hat sich's ausgedonnert! Ihr werdet schon sehen!"
Sie nahm eine rostige alte Flinte und ging damit an die Gartentür.
„Um Gottes Willen", sagten ihre Töchter.
Der Offizier an der Tür grüßte sie und sagte, sie solle sie hereinlassen. Aber er hatte nicht mit Omas energischem Gemüt gerechnet. Sie erhob die verrostete alte Knarre und fragte:
„Ja, haben Sie denn nicht die Flagge auf dem Dach gesehen?"
Der Offizier guckte nach oben und fragte:
„Ja, was soll das denn sein?"

„Schauen Sie mal genauer hin, denn Sie werden dort oben auf dem Dach eine Schweizer Fahne entdecken", antwortete Oma kalt. „Sie begreifen wohl, dass Sie hier nicht mehr eintreten dürfen, denn Sie befinden sich selbstverständlich auf neutralem Boden, also seien Sie so gut und bleiben gleich draußen."
Der Offizier und seine Leute standen mit offenen Mäulern da. Mit so etwas hatten sie im Leben nicht gerechnet.
Sie sahen sich fragend an und wussten erst mal gar nicht, was hier zu tun war.
„Vorige Woche war hier keine Schweizer Flagge", sagte der Offizier schließlich.
„Ja, davon weiß ich nun gar nichts", sagte Oma heiter und vergnügt, so als wenn sie das alles gar nichts anginge. „Sie sehen dort oben eine Schweizer Flagge auf dem Dach. Die Besitzer des Hauses sind Schweizer. Neutral, wie ja hinlänglich bekannt. Ja, wann wurde die Flagge da oben gehisst? Keine Ahnung. Und jetzt machen sie mal schnell, dass sie verschwinden, sonst muss ich leider meine Waffe benutzen. Es ist Ihnen doch klar, dass Sie einen schweren internationalen Konflikt heraufbeschwören können, wenn es Ihnen jetzt etwa in den Sinn kommt, diese uralten Verträge nicht zu respektieren!"
Der Offizier legte seine Hand auf die Klinke.
„Provozieren Sie mich nicht, mein Lieber! Nehmen Sie Ihre Pfoten von meiner Tür! Verschwinden Sie sofort, Sie befinden sich auf neutralem Boden! Das Recht ist auf meiner Seite, und ich werde mich ja wohl noch gegen Eindringlinge schützen dürfen, die sich auf Schweizer Boden wagen."
Sie war in Bayern und überaus zufrieden, denn sie hatte die Amerikaner ganz alleine zurückgewiesen. Sie hatte sie mit ihrer rostigen alten Flinte ins Bockshorn gejagt. Jetzt war Schluss mit dem Theater; sie wurden von da an in Ruhe gelassen. Sie konnten in Ruhe durch-

schlafen. Die amerikanischen Freunde und Alliierten ließen sich nie wieder in der Hütt blicken.

21
Davon, dass die Kinder leben und glücklich sein sollen

Auf dem Foto ist ein entzückender junger Mann von 27 Jahren zu sehen, García Sabell, mit einem kleinen Mädchen, der Tochter von Alexandre Bóveda, Xandre genannt. Sommer 1936. Der junge Mann hat eine enorm hohe Stirn und sehr schönes schwarzes glänzendes Haar. Er sitzt da, ernst und besorgt. Er trägt eine Brille, die sein halbes Gesicht bedeckt. Sein unbekleideter rechter Arm berührt die rechte Schulter des Kindes; er hat schlanke, lange und elegante Finger und eine sehr große Hand. Er hat seinen linken Arm um das kleine Mädchen gelegt; seine wirklich enorm große Hand bedeckt ihre zarte Taille. Seine Haltung ist beschützend, zärtlich, väterlich; ein leichtes Lächeln spielt in seinen Augen. Sein Mund gebieterisch; sein Kinn energisch.

Im Hintergrund ein Treppengeländer. Wenn man nicht genau hinguckt, könnte es sich auch um eine Art Harfe handeln. Die rechte Hand des kleinen Mädchens spielt mit den Saiten, sie liegt verborgen im Halbschatten. Sie trägt ein dunkles Kleidchen mit einem weißen Kragen, unter dem das Hemdchen hervorlugt; die Kleiderärmel sind weiß abgesetzt. An ihren dünnen Beinchen weiße Stiefelchen. Ihre Härchen sehr dunkel und zu zwei Zöpfen geflochten; das kleine Gesicht ganz kummervoll. Ihr dünner kleiner Körper traurig und schutzlos. Der Mund fest zusammengepresst. Ein kleines Mädchen, das seinen Vater verloren hat und von nun an aufwachsen, spielen, lernen und leben muss ohne seine Gegenwart, seine Liebe und seinen Schutz. Alexandre Bóveda, der Vater des Mädchens, war ein unermüdlicher Kämpfer, ein geborener Organisator, ein Mann der Aktion, der Motor der Partei für Galicien, der ausführende Arm der Partei in ihrer gesellschaftlichen und politischen Dimension, ein unermüdlicher und flexibler Kämpfer für Galicien, der den lebendigsten und leidenschaftlichsten Flügel in der Galicischen Partei verkörperte. Er wurde am 20. Juli 1936 festgenommen, nach drei Stunden freigelassen, wiederum verhaftet am nächsten Tag, dem 21. Juli. Er wurde am 13. August vor einem Kriegsgericht in einem Schnellverfahren zum Tode verurteilt und am 17. August im Alter von 33 Jahren in Caeira, Pontevedra, erschossen. „Wenn Galicien und seine Menschen leben, kann dein Tod nicht wahr sein!" schreibt der große galicische Dichter Manuel María in Erinnerungen an Alexandre Bóveda.

In der Morgendämmerung des 17. August 1936

Meine beiden Süßen, meine Kleine, mein liebstes Leben –
Ich möchte Dir noch so viel schreiben. Aber Du weißt ja alles, was ich Dir noch sagen möchte. Verzeih mir alles, und daß die Kleinen mich für immer im Gedächtnis behalten; daß Du bitte alles ausführst, was ich Dir auftrage.
Ich, meine kleine Seele, werde immer bei Euch sein, so wie ich's Dir versprochen habe.
Es sind nur noch wenige Minuten, und ich bin mutig, für Euch, für unser Land, für alle.

Ich gehe ruhig fort.
Auf Wiedersehen, mein allerliebstes Leben. Lebe um der Kleinen und der alten Leute willen, umarme sie, tröste sie! Sei nur Du selbst, meine liebste bewundernswerte Kleine, Du, die Mutigste von allen. Von dort oben werde ich mich an Dir und Euch allen freuen und zufrieden sein.
Ich werde Euch nie vergessen, und werde immer über Euch wachen.
Auf Wiedersehen. Bei Dir, bei den Kleinen, bei den alten Leuten werde ich für immer sein, in meiner größten, allertiefsten und unendlichen Umarmung, Euer Xandro

P.S. Ich hab' mit Dir gebetet.

22
Davon wie Hagen die Augen öffnete, und wie sein Blick blau und unschuldig geboren wird, und warum er sich dem weißen Licht des Gartens Eden nähern wollte; und wie die Welt plötzlich stillstand; und dass es halb sechs in Pommern war

Es war halb sechs in Pommern.
Hagen träumte, dass er aufwachen würde und dass er dabei war, in Manhattan eine Runde zu drehen, sorglos und glücklich, während er eine Jazzmelodie vor sich hinpfiff und einen Zigarillo rauchte; er betrachtete die Leute, die hin- und herliefen, als wenn sie nichts Besseres zu tun hätten.
„Ich bin nicht tot", dachte Hagen, „aber ich bin auch nicht lebendig, ich kann mich nicht bewegen, ich will meinen kleinen Finger heben,

meine Schwester sagt, sie will mich sehen ... lebendig ... ich bin nicht tot, mein kleiner Finger, er bewegt sich nicht ... ich fühle meine Hände, ich hab' einen Arm an der Hand, ich fühle mein Bein, ich will aufstehen ... der schwarze Vogel ist weggeflogen ... ich hab' keine Angst vor dem weißen Licht, ich fühle meine Wimpern, ich kann sie bewegen ... das ist nicht das weiße Bombenlicht ... meine Schwester hat die Jalousien runtergelassen ... ich will meine Mutter sehen, ich will nach Hause ... nach Deutschland ..."
„Hagen, hab' keine Angst, ich weiß, dass du mich hörst ... wenn du willst, sing' ich dir was vor, damit du aufwachst ..."
„Meine Schwester soll singen ... sie bringt mich zum Lachen, sie ist so verwirrt ... ein bisschen unschuldig ... sie hat so ein kleines Bäckerinnengesicht ... ich sag' ihr immer, dass ich ihre schwarze Stimme nicht mag, aber das stimmt nicht ... sie soll singen, denn so bin ich nicht tot ... ich will sie auf ihrem Fahrrad sehen ... es macht mir Angst, wie sie da auf der alten Karre herumeiert ... sie fährt viel zu schnell ... mit der Geige am Lenker ... wie gefährlich, sie wird ihr in die Speichen kommen ... sie wird sich noch umbringen ..."
„Hagen, ich bin doch hier bei dir ..."
„Meine kleine Schwester ist nicht auf dem Schiff gestorben, das tote Kind ... das tote Kind war Lina und wie sie alle geweint haben, sie war vier Jahre alt ... sie starb am Ende der Reise aus Pommern ... Lina war so witzig ... ‚Lina, Lina', riefen sie angstvoll, denn sie lief immer weg auf dem Schiff und versteckte sich zwischen den Koffern und Bündeln ... ‚Lina, Lina, wo bist du nur?' ... und da kommt sie schon wieder zum Vorschein ... als wenn nichts gewesen wäre ... ihr rundes lachendes Gesicht, sie schüttelt ihr Lockenköpfchen ..."
„Hagen", sagte seine Schwester, „soll ich dir was vorsingen?"
„Ich muss die Augen öffnen ... ich kann nicht, ich will meine Schwester sehen ... da ist der schwarze Vogel ... ganz dunkel, ich

kann meine Augenlider nicht bewegen ... ich möchte ... ich will meine Schwester sehen ..."
„Hagen", sagte seine Schwester, „kannst du mich hören, Hagen?"
Sie betrachtete ihn, sein armes weißes Gesicht, es war kaum zu sehen unter all den Schläuchen die es halb bedeckten. Sie blickte aufmerksam auf seine Augenlider ... sie ging näher ran ... da war doch was ... mein Gott! Das kann doch nicht sein ... oh Gott ... so eine winzige Welle ... ganz still ... klitzeklein ... da war doch was ...
„Hagen", schrie sie laut, „Hagen! Du willst die Augen öffnen, bitte Hagen, komm, nun mach schon, mach die Augen auf ... bitte, bitte, ich weiß, dass du es kannst ... ach bitte ... ich bin mir ganz sicher, ich weiß es ..."
Sie war mit ihrem Gesicht ganz dicht an Hagen und plötzlich sah sie ein lautloses unsichtbares Zucken in seinen Augenlidern, eine unendlich langsame stille Bewegung, wie das leise winzige Flügelflattern eines träumenden Vogels, das gedämpfte Schweben einer lautlosen Wolke, die an ihr vorbeiflog, Hagen wollte die Augen aufmachen, sie sah es ganz klar ... da war er ...
„Hagen, Hagen, du bist nicht tot, siehst du, du bist nicht tot, mach die Augen auf, mein allerliebster Hagen ... bitte, mach die Augen auf ... guck mich an ..."
„Hier bin ich doch ..."
„Mach die Augen auf bitte ... mach die Augen auf ..."
Die Welt blieb stehen.
Und seine Augenlider bewegten sich ganz mühsam ... als läge ein tonnenschweres Gewicht auf ihnen, nach und nach steckte ein Zittern das nächste an ... bis die Welle endlich ganz oben angelangt war ... tausend Zehntelsekunden vergingen und sein unschuldiger blauer Kinderblick wurde neu geboren ... sein immerwährend lichter und ganz heller Blick ... den sie nie vergessen hatte, wie der Blick eines

Neugeborenen ... der Blick war ganz klar und hellblau, er richtete ihn langsam auf sie, abwesend, das Licht in seinen Augen wurde glänzend und noch blauer, sehr nachdenklich betrachteten diese neugeborenen Augen sie ... oh, mein Bruder, mein Bruder ist wieder lebendig ... in seinem Gesicht verliefen sich die kleinen Bewegungen und es wurde ganz glatt und Hagen sah sie an, als wenn er sagen wollte:
„Guck mich an, ich bin lebendig, ich bin bei dir, ich hab's geschafft, ich bin wieder da ..."
Sie konnte ihren Blick nicht abwenden, er sah sie so glänzend an, seine Augen schimmerten ... still fiel eine Träne ... sie streckte vorsichtig die Hand aus, um den Schatz aufzufangen ...
Und seine Augen sprachen zu ihr:
„Ich hab' alles gehört ... du hast mir was vorgesungen ... alles, alles ... ich hab' alles gehört ... du hast mich aufgeweckt ... danke ... ich danke dir ... ach, vielen Dank ... ich hab' dich so lieb ... ich bin wie früher, ich bin's ..."
„Ich weiß, Hagen", sagte sie und legte ihre Hand auf sein Gesicht, sie hatte fast Angst, ihn anzufassen ... sie wollte ihn nicht aufstören ... durcheinanderbringen.
„Dass er bloß die Augen nicht wieder zumacht", dachte sie.
„Hagen", sagte sie, „ich hab' immer gewusst, dass du zurückkommen würdest ..."
Hagen erfand still und leise ein kleines fast unmerkbares Lächeln, zeitlos ... als wenn eine Feder im Wind segelte:
„Ich werde den Tunnel nie vergessen ... ich hörte deine Stimme ... das Licht ... das Licht leuchtete so ... es war nicht das Bombenlicht ... ich wollte in dem Licht aufgehen ..."
„Hagen", sagte sie und ihre Tränen fielen auf seine Hand, „du wolltest ins Paradies, ich weiß ..."
Hagen zwinkerte mit dem linken Auge.

Sie konnte den Satz in seinen Augen ganz klar erkennen:
„Heulsuse, du bist 'ne alte Heulsuse ..."
„Du weinst ja selber, Hagen ..."
In Hagens Blick erschienen die Worte:
„Ich heul' wann ich will ..."

23
Wie die Republik für Adelina und ihre Freundin Julita anfing; von Vicente, der Frau Filipa liebte; warum Churros im Leben der Leute so unerhört wichtig sind; und wieso alle Mädchen in Pontevedra schön sind

ADELINA TRINKT KAFFEE
(Pontevedra, 1931), Theaterstück

Die Geschichtenerzählerin
Adelina
Mädchen
Junge
Frau Filipa, Adelinas Mutter
Julita
Kaffeehausbesitzer
Mann
Kind
Manoliño
Vicente, Adelinas Vater
Adelinas Geschwister: Antón, Vicente, Olegario, Gerardo, Severino

GESCHICHTENERZÄHLERIN: Adelina trank jeden Tag Kaffee. Beim Frühstück nahm sie Milchkaffee zu sich. Nach dem Essen trank sie Mokka. Vor dem Zubettgehen trank sie noch einmal Milchkaffee.

FRAU FILIPA: Trink nicht so viel Kaffee, mein Kind.

ADELINA: Aber ich mag ihn doch so gerne ... warum darf ich denn nicht Kaffee trinken?

FRAU FILIPA: Erstens ist es nicht gut für die Nerven. Zweitens ist Kaffee sehr teuer, das weißt du ja ...

GESCHICHTENERZÄHLERIN: Adelina wusste, dass ihre Mutter das nicht wegen des Geldes sagte. Sie machte sich einfach Sorgen um ihre Tochter. Sie ging sehr großzügig mit ihrer Tochter um; sie war bienenfleißig, sehr lieb und sah sehr hübsch aus. Sie nähte ihrer Adelina entzückende Kleider, in denen sie wie eine Prinzessin aussah. Außerdem schickte sie sie auch in die Schule, denn sie wollte unbedingt, dass ihre Tochter so viel wie möglich lernen sollte. Adelina war nun bereits 21 Jahre alt und lernte immer noch; sie ging in eine Abendschule, an der sie in Mathematik, Literatur, Chemie, Physik, Geschichte und Geografie unterrichtet wurde.
Ihre Mutter hatte ihr viel beigebracht; beispielsweise konnte sie wunderbar backen: leckeres Spritzgebäck, Brot und alle Sorten von Kuchen und Torten. Sie war eine wahre Künstlerin beim Bügeln, Sticken und Kochen.

ADELINA: Mama, nun sei doch nicht so nervös! Ich trink nun mal furchtbar gern Kaffee ... Punktum!

GESCHICHTENERZÄHLERIN: ...so, dass Adelina immer weiter Kaffee trank, ganz egal, was ihre Mutter sagte ...

MÄDCHEN: Na, die saß wohl immer in den Kaffeehäusern herum ...

GESCHICHTENERZÄHLERIN: Ja, von wegen ... da bist du aber auf dem Holzweg. Sie trank Kaffee bloß zu Hause. Sie ging niemals ins Café.

MÄDCHEN: Aber hier sitzen doch immer alle in den Cafés, um sich zu unterhalten, andere Leute zu beobachten ... und natürlich um zu klatschen!

GESCHICHTENERZÄHLERIN: Das stimmt, meine Kleine. Da muss ich dir recht geben. Aber die Geschichte, die ich hier erzähle, ist schon ziemlich alt ... du warst noch nicht einmal geboren ... nicht einmal deine Eltern waren auf der Welt, stell dir das mal vor ... Die Menschen lebten in einer völlig anderen Welt. Alles war anders.

MÄDCHEN: Natürlich, das war wohl zu den alten Zeiten.

GESCHICHTENERZÄHLERIN: Na, so lange ist das nun auch wieder nicht her ... Wir befinden uns hier im Jahre 1931, zu Zeiten der spanischen Republik.

MÄDCHEN: Die Republik ... mal sehen ... ja, das ist ja schon eine ganze Weile her ... wieviel Jahre sind wohl seitdem vergangen? Da muss ich doch mal rechnen ... also das sind ... das ist ja über 70 Jahre her!

GESCHICHTENERZÄHLERIN: Wir befinden uns also im Jahre 1931 ... Es war im Monat Mai und durch die Stadt spazierten festlich gekleidete Leute ... Es waren auch viele Mädchen dabei, obwohl die nicht alleine ausgehen durften: Immer war jemand dabei, die Mutter, eine Tante, eine Schwägerin oder eine Kusine ... Sie spazierten lächelnd zusammen durch die Stadt ... Alle Mädchen sahen hübsch aus in ihren Frühlingskleidern. Es war ja Mai und alles war voller Blumen.

MÄDCHEN: Ich versteh' das nicht recht ... wieso waren denn alle so hübsch? Nicht alle werden schön gewesen sein, denke ich mir.

GESCHICHTENERZÄHLERIN: Natürlich; alle sahen sehr schön aus, denn alle Mädchen waren aus Pontevedra.

MÄDCHEN: Na so ein Blödsinn! Das gibt's doch nicht!

GESCHICHTENERZÄHLERIN: Natürlich gibt es das und Blödsinn ist es auch nicht. In Pontevedra sind alle Mädchen schön. In Pontevedra gibt es überhaupt nur hübsche Mädchen ...

MÄDCHEN: ...ja, es ist kaum zu glauben, so wunderschön sind die alle!

GESCHICHTENERZÄHLERIN: Genau. Aber die Schönste von allen war zweifelsohne Adelina. Adelina hatte blonde Ringellocken und Augen, die so schwarz waren wie Mokka. An jenem wunderschönen Maientag, den eine berühmte Bürgermeisterin sehr viel später einmal den TAG DER SCHÖNEN KAFFEETRINKENDEN MÄDCHEN taufen würde, sah Adelina hübscher aus als je zuvor, sie glich einem geschmückten Frühlingsbäumchen, so festlich sah sie aus. Sie trug ein wunderbares langes hellblaues Kleid mit gestickten Bändern und einem Spitzenkragen.

(Adelina geht in ihrem Festgewand lächelnd über die Bühne, schlendert eine Weile herum und setzt sich dann auf einen Stuhl.)

GESCHICHTENERZÄHLERIN: Adelinas Kleid, das ein wahres Kunstwerk war, war unter den Händen von Adelinas Mutter entstanden. In Pontevedra ging die Sage um, dass Frau Filipa wahre Goldfinger habe. Was immer sie auch anfing oder bloß berührte, das verwandelte sich sofort in reines Gold. Frau Filipa besaß eine Kuchenbäckerei, eine ausgezeichnete Intelligenz, sehr viel Talent, eine gute Figur, fünf Söhne, genannt Antón, Gerardo, Olegario, Vicente und Severino, einen Mann, der Vicente hieß, der im Kubanischen Krieg gewesen war, und obendrein einen beeindruckend großen Schnurrbart durch die Welt trug, und außerdem ihre einzige Tochter namens Adelina. Frau Filipa herrschte in ihrem Haus mit der Kuchenbäckerei wie eine kaiserliche Königin. Auf jeden Fall pflegte sie sich sehr klar auszudrücken.

(Langsam geht Adelinas Vater vorbei, er trägt einen Stock mit Silberknauf in der Hand, einen Schlapphut und Schnurrbart. Er setzt sich auf einen Stuhl.)

FRAU FILIPA: Na, sicher doch! Auf jeden Fall! Jetzt reicht's mir bald! Sie wird lernen, was sie will: Chemie, Musik, Literatur ... was immer ihr in den Kopf kommt! Das ist schon mal ganz klar. Keine Widerrede!

VICENTE: Was werden denn wohl die Leute sagen?

FRAU FILIPA: (wütend) Was bist du bloß für ein Pfannekuchenfresser! Das ist doch egal, von mir aus können die reden, was sie wollen, vom Mond oder sonst was ... die werden ihren Klatsch verbreiten, na und? Von mir aus können die ihre Albernheiten sonst wem erzählen und neidisch auf uns schielen; das ist mir piepegal und raubt mir nicht den Schlaf! Gott sei Dank sind ja neue Zeiten angebrochen. Wir leben jetzt in einer Republik!

VICENTE: Ja, da hast du wohl recht. Dann soll sie eben in die Abendschule gehen. Wird das nicht sehr teuer werden?

FRAU FILIPA: (murmelt vor sich hin) Der wird's wohl nie begreifen! (mit lauter Stimme) Nun mach schon, Vicente, und kümmer dich um den Backofen, der muss noch auf Touren gebracht werden für die Hochzeitstorte der Nichte der Markgräfin von Riesta.

VICENTE: Ich geh' ja schon, meine liebe Prinzessin! (er betrachtet sie gerührt) Was habe ich nur für eine stolze Frau! So ein reizendes Mädchen! Die Allerklügste, die Allerschönste!

FRAU FILIPA: (mit einem Lächeln) Na, du bist auch nicht von Pappe, mein Lieber! Alle Nachbarinnen sind verrückt nach dir, das weißt du doch ... ein Mann ist ein Mann und gar mit solch einem Schnurrbart!

VICENTE: (während er an seinem Schnurrbart zwirbelt) Ja, da magst du wohl recht haben.

FRAU FILIPA: Gerardo! Vicente, Olegario, Antonio! Severino! Macht bloß, dass ihr an die Arbeit kommt! Ihr habt genug herumgespielt ... wo seid ihr denn, ihr kleinen Tagediebe?

(Im Hintergrund der Bühne erscheinen fünf Jungen zwischen 10 und 19 Jahren, mit Spielzeug, Büchern, einem Eimer und einem Mehlsack beladen; sie gehen und springen über die Bühne und setzen sich dann auf den Boden.)

GESCHICHTENERZÄHLERIN: In Pontevedra war Frau Filipas Kuchenbäckerei berühmt.

(Ein kleiner Junge kommt angelaufen.)

MANOLIÑO: Frau Filipa! Frau Filipa!

(Frau Felipa tritt durch einen Seiteneingang.)

FRAU FILIPA: Wo brennt's denn, Manoliño?

MANOLIÑO: Ich soll für meine Mutter zwei Dutzend Churros für die Vesper holen, und sie sollen ganz besonders frisch und lecker sein.

(Sie reicht ihm eine Tüte mit Churros.)

FRAU FILIPA: Sie sind immer frisch und lecker, das wisst ihr doch.

MANOLIÑO: Was macht das, Frau Filipa?

FRAU FILIPA: Lass nur, mit dem Bezahlen eilt es nicht. Bestell deiner Mutter einen schönen Gruß! Und jetzt sieh zu, dass du nach Hause kommst, kleiner Schlingel, sonst werden die Churros noch kalt.

MANOLIÑO: Vielen Dank, Frau Filipa.
(Er läuft hinaus.)
(Frau Filipa verschwindet durch einen Seiteneingang.)

GESCHICHTENERZÄHLERIN: Frau Filipa, wie ja bekannt ist, verkaufte viele Churros: dutzendweise, Hunderte, zu Tausenden. Alle Welt in Pontevedra wollte sich ihre Churros zu Gemüte führen. Sie waren wirklich etwas Besonderes: nicht zu fettig, groß und dick, aber leichten Geschmackes und noch am nächsten Tag waren sie frisch und kross ... also einfach wundervolle Churros.

MÄDCHEN: Hör auf, ich liebe Süßes, mir läuft das Wasser im Munde zusammen ...
Aber jetzt erzähl mir mal erst von Adelina und wie sie Kaffee trinken ging.

GESCHICHTENERZÄHLERIN: Natürlich! Nun pass auf. Adelina ging an jenem Maientag mit ihrer Freundin Julita durch die Stadtallee. Sie waren rundum glücklich. Es war so schön warm, eine süße Maienwärme. Die Stadtallee war voller Leute. Alle guckten zu Adelina, als sie vorbeiging, denn sie schritt so anmutig in ihrem neuen Kleid dahin, dass sie viele bewundernde Blicke einfing. Ein leichtes Lächeln spielte auf ihren Lippen ... wie eine winzige Spottmelodie.

(Von allen Seiten treten Leute in Sonntagsgewändern auf die Bühne, in der Mitte gehen Adelina und ihre Freundin Julita.)

ADELINA: Julita, ich möchte so gerne Kaffee trinken ...

JULITA: Also ich geh' jetzt nicht nach Hause ... Hier ist es doch gerade so schön! Was für ein glücklicher Tag!

ADELINA: Wieso sollen wir denn nach Hause gehen? Red' doch keinen Blödsinn! Wir gehen einfach ins Kaffehaus Petit Bar.

JULITA: Um Gottes Willen! Da trau' ich mich im Leben nicht hin!

ADELINA: Nun sei doch nicht albern! Warum denn nicht?

JULITA: Da gehen doch nur Männer hin, das weißt du doch genau! Hast du da schon jemals eine Frau gesehen?

ADELINA: Das ist mir doch egal! Das interessiert mich überhaupt nicht. Ich will ja nur Kaffee trinken. Oder hängt da etwa ein Schild aus, auf dem geschrieben steht, dass Frauen da nicht Kaffee trinken dürfen? Ich hab' jedenfalls keins gesehen. Wir sind frei hineinzugehen und wieder hinaus. Wir leben jetzt in einer Republik, vielleicht hast du das vergessen!

JULITA: Na, du bist wirklich dreist!
(Sie guckt Adelina nachdenklich an.)

ADELINA: Ich und dreist? Das fehlte ja noch! Ich bin kühn und mutig. Ich will Kaffee trinken. Abgesehen davon ist doch wohl unser

Geld genauso viel wert wie das der Herrchen, die da drin sitzen! Wir verdienen ja unser ehrliches Geld oder etwa nicht? Du als Schneiderin und Plätterin ... und obendrein studierst du an der Lehrerhochschule, ich backe Kuchen und Torten und gehe in die Abendschule.

JULITA: Ja, da hast du recht, meine Liebe, wir verdienen uns unser saueres Brot und müssen dafür ganz schön schwitzen!

ADELINA: Nun sei nicht so pathetisch!

JULITA: Was soll das denn heißen, pathetisch?

ADELINA: Das bedeutet eine alberne Ziege, die sich für feiner hält als sie ist.

JULITA: Danke schön für das Kompliment!

ADELINA: Nichts zu danken, liebe Dame. Komm, wir gehen ins Café.

JULITA: Nein, ich schäme mich.

ADELINA: Das wird dir schnell vergehen.

JULITA: Wirklich, ich hab' Angst.

ADELINA: Angst macht frei, du wirst schon sehen.

(Sie hakt Julita unter und geht direkt auf das Kaffeehaus zu.
Im Hintergrund erscheint ein Plakat mit dem Café.)

ADELINA: Mut, meine Liebe. Es sind ja bloß Männer, mit denen ist sowieso nicht viel los, würde Frau Filipa sagen.

GESCHICHTENERZÄHLERIN: Sie gingen direkt in das Kaffeehaus; die Tür stand offen. Julita guckte etwas schüchtern, aber Adelina ging mit mutigem Blick vorwärts.

ADELINA: Nun setz mal dein Lächeln auf, Julita. Nur keine Bange.

KAFFEHAUSBESITZER: (sehr erstaunt, aber gefasst) Guten Tag, meine Damen. Was darf ich Ihnen denn anbieten? Möchten Sie etwas zu sich nehmen?

ADELINA: (sehr energisch) Selbstverständlich.

KAFFEEHAUSBESITZER: Dann folgen Sie mir bitte, ich werde Sie durchs Café führen.

ADELINA: Das ist nicht nötig, wir finden unseren Weg alleine.

KAFFEEHAUSBESITZER: Umso besser. Wo möchten Sie denn gerne sitzen?

ADELINA: Am Fenster natürlich.

(Die Männer im Kaffeehaus sind wie vom Donner gerührt. Sie trauen ihren Augen nicht. Die meisten sind aufgestanden und glotzen erstaunt auf die beiden Mädchen.)

KAFFEEHAUSBESITZER: (energisch) Gehen Sie zur Seite, meine Herren! Lassen Sie bitte die beiden Damen durch.

DICKER MANN: Was wollen die denn hier? Ist das jetzt die neuste Mode?

ADELINA: Beruhigen Sie sich, mein Herr. Und regen Sie sich lieber nicht so auf, Sie werden noch seekrank werden. Wir wollen Kaffee trinken, das ist wohl nichts Besonderes.

DICKER MANN: (bass erstaunt) Ja, ich seh schon. Nichts Besonderes, jawohl.

JUNGER MANN: Die Blonde sieht ja toll aus.

ADELINA: Mach, dass du auf den Acker kommst zum Kartoffelpflanzen.

KAFFEEHAUSBESITZER: (während er die Männer ansieht) Benehmen Sie sich bitte, wenn es Ihnen nichts ausmacht! Gehen Sie zur Seite. Sehr schön. Hier sind wir bereits. Gefällt Ihnen der Tisch hier am Fenster?

ADELINA: Wir hätten gerne Milchkaffee.

KAFFEEHAUSBESITZER: Sie sind natürlich eingeladen.

ADELINA: Danke, aber das können wir nicht annehmen.

(Er serviert ihnen den Kaffee.)

KAFFEEHAUSBESITZER: Bitte schön. Hier ist der Kaffee. Fühlen Sie sich nur ganz zu Hause.

ADELINA: (trocken) Bei mir zu Hause ist es viel schöner. Wir sind hier ja wohl im Café Petit Bar, wenn ich mich nicht irre.

KAFFEEHAUSBESITZER: (unterwürfig) Ja, gewiss doch.

GESCHICHTENERZÄHLERIN: Und so kam es, dass Adelina und ihre Freundin Julita ins Kaffehaus, genannt Petit Bar, Kaffeetrinken gingen. Am Tag darauf kam eine Gruppe junger Mädchen Kaffeetrinken. Nach ein paar Tagen war das Kaffeehaus voll von jungen Mädchen. Alle sahen schön aus. Alle hatten sich viel zu erzählen. Alle waren aus Pontevedra. Und alle tranken gemütlich Kaffee.

MÄDCHEN: Genau wie Adelina.

GESCHICHTENERZÄHLERIN: Natürlich. Denn Adelina trank wie immer Kaffee. Zuhause. In der Kuchenbäckerei. Und im Café, genannt Petit Bar.

24
Warum Hagen seine Schwester Heulsuse nannte; wie er die Augen wieder zumachte, nachdem er aus dem Koma aufgewacht war; und aus welchem Grunde er lebendig war

Sie hatte ihre Augen auf Hagens Gesicht gerichtet.
„Er kann die Augen nicht so lange aufhalten", sagte Jenny. „Bist du nicht schrecklich froh?"
„Jetzt sieht er fast wieder wie vorher aus", sagte sie. „Als wenn er sie nicht noch eben gerade aufgehabt hätte ..."
„Das ist doch gar nicht wahr", sagte Jenny. „Das weißt du doch. Guck ihn an. Was denkst du denn, dass er die Augen nur einmal aufmacht und dann nie wieder? So ein Blödsinn. Es ist nur das erste Mal gewesen."
Sie hatten gar nicht gemerkt, dass Ernst Hofmann hereingekommen war.
Er hob Hagens Lider hoch und betrachtete aufmerksam sein Gesicht.
„Hab' ich's dir nicht gesagt? Er ist aus dem Koma aufgewacht ... Hier wird nicht gestorben!"
Er hob Hagens rechten Arm hoch, danach das Bein, er berührte seine Schultern, zog langsam das linke Bein hoch.
„Mein Gott!", sagte er zu ihr. „Geht's dir gut? Hast du seinen Blick gefühlt? War das nicht herrlich?"
„Es war sein alter Blick", sagte sie, „und ich konnte alles verstehen, was er mir mit den Augen sagen wollte, alles, alles ... ich hab' seinen Blick gelesen ... und weißt du was? Da war deutlich zu lesen, dass er mich Heulsuse nannte!"
„Dein Bruder ist wirklich ein Wunderkind", sagte Ernst. „Mit dem kann man sich wenigstens unterhalten, meine Liebe ... Übrigens ... mit seiner linken Seite stimmt was nicht ... oder sagen wir mal, rechts

scheint alles in Ordnung zu sein ... mehr kann ich dazu im Augenblick nicht sagen. Er muss erst einmal richtig aus dem Koma kommen, es kann noch ein bisschen dauern ..."
„Ich frag' dich gar nicht erst wie lange", sagte sie.
„Er ist lebendig", sagte Ernst, „und vielen Dank dafür, dass du so geschuftet hast ... das hast du wirklich gut gemacht! Du könntest sicher einen Stein zum Leben erwecken."
„Ja, das fehlte mir grad noch", sagte sie.

25
Wie Hagen von Tronje Siegfried tötete; warum seine kleine Schwester Petit Fleur sang; wie Hagen den kleinen Finger hochhebt und die Hand seiner Schwester berührt; und aus welchem Grund Lügen goldene Beine haben

„Ich kann nicht mehr", sagte sie und klopfte leicht auf Hagens Hand. „Es ist schon so lange her, dass er die Augen aufgemacht hat, so für etwa zwei Minuten, ich weiß gar nicht, wie das jetzt weitergehen soll! Hagen! Wach auf, Hagen, du sollst doch den kleinen Finger bewegen, weißt du auch warum? Damit ich weiß, dass du weißt, wer ich bin, du hast ja schon mal die Augen aufgemacht, aber das ist jetzt schon zwei Tage her, was soll das? Ich will, dass du deinen kleinen Finger bewegst, nun komm schon, Hagen, ich bin doch hier und werd' auch nicht weggehen bis du mir ein Zeichen gibst ... nun mach schon ..."
Ernst Hofmann sagte:
„Red weiter, nicht aufhören ... mach schön weiter…"

„Ich hab' die Vergangenheit so satt, immer die alten Geschichten, Hagen, mir reicht's jetzt bald ..."
„Weiter, weiter ...", sagte Ernst Hofmann.
Sie fing an zu schluchzen.
„Ich komme mir so blöd vor, Hagen, nun verlass mich doch nicht ... was soll ich denn Lissy sagen, etwa, dass du tot bist? Willst du vielleicht, dass ich nach Galicien zurück soll, um denen zu erzählen, dass ich einen toten Bruder hab'? Wie grässlich!"
„Ich kann nicht mehr, Ernst, ich komm' mir so blöd vor."
„Lass seine Hand nicht los", sagte Ernst.
„Jetzt fällt mir was ein", sagte sie. „Diese alte Geschichte von Hagen und Siegfried ..."
„Los, erzähl sie ihm", sagte Ernst.
„Hagen", sagte sie, „weißt du noch, wie du in der vierten Klasse den Aufsatz über die Nibelungen geschrieben hast? Da warst du zehn Jahre alt. Ich glaub' nicht, dass du viel über die wusstest und was die für Helme und Waffen mit sich rumschleppten, mich haben die zu Tode gelangweilt, aber du wolltest die kennenlernen und hast uns immer mit denen in den Ohren gelegen, was für ein Gequatsche!"
‚Wie willst du die denn kennenlernen, die haben doch nie existiert?', hab' ich dich gefragt, und du:
‚Ja, aber ich will doch mit denen Abenteuer bestehen!'
‚Ja, das war dann gerade die richtige Gelegenheit, als sie euch gesagt haben, ihr solltet einen Aufsatz über die Nibelungen schreiben, da hast du weiß Gott wie viele Seiten geschrieben, du konntest gar nicht mehr aufhören ... schließlich hat die Lehrerin, Fräulein Baumann, die schon weit über siebzig war ... weißt du noch, wie schön es bei ihr war? Wie komisch, so eine alte Lehrerin zu haben! Sie war ja nicht die Einzige, es gab noch mehr davon, die waren auch über siebzig ... im Krieg waren ja so viele umgekommen ... und nicht mal alle zu-

sammengerechnet, junge und ganz alte Lehrer und Lehrerinnen, waren genug davon da ... in der zweiten Klasse waren wir jedenfalls fast hundert Kinder ...

...schließlich sagte Fräulein Baumann, als du immer noch weiterschriebst wie im Fieber, jetzt sei Schluss mit der Geschichte, sie kannte dich anscheinend sehr gut, und du hast gesagt:
‚...Ein Augenblickchen noch, ich bin schon am letzten Satz.'
‚Weißt du noch, wie der ging ... der letzte Satz, Hagen?'
Es war ein grausamer, ja grässlicher Satz:
‚... Ich, Hagen von Tronje, habe Siegfried getötet'."
„Weiter, weiter", sagte Ernst Hofmann, „nicht aufhören ..."
„Ich kann nicht", sagte sie.
„Sing Petit Fleur", sagte er, „hat das Hagen nicht immer auf der Klarinette gespielt?"
Und sie sang Petit Fleur, und sie spürte ganz genau, dass Hagen ihre Stimme liebte, und dass er verrückt nach ihren Liedern war, es stimmte ja gar nicht, dass er ihre Stimme grässlich fand, eine Lüge so dick wie die Schlange Anaconda, sie sang aus voller Seele, aus ganzem Herzen ... sie wusste, dass Hagen die Klarinette spielte und als das Lied zu Ende war, fing sie wieder an, und in der Luft schwebte das allerletzte Lied seines Lebens, der ewige Gesang der Schwäne, sein letzter Seufzer, ein gequälter Schrei, ein Urteil, ein Minnesang und ein Abschied, eine Scheidung und ein Liebeslied, ein Tanz und ein Todesgesang und sie schrie, als sähe sie die Funken eines grausamen Feuers:
„Ich, Hagen von Tronje habe Siegfried getötet."
Und sie griff nach Hagens Händen und fühlte ein leichtes Klopfen wie von kleinen ungeborenen Vögelchen ... das unhörbare Summen der Ameisen in der heißen Sommerluft ... ein Sirren der Insekten unter der Haut ... die Bienen schwirren leise im Blut ... die süße Flut

dringt in die Seele ... der dunkle Totenvogel erhebt seine zitternden Flügel und fliegt davon.
Die Regenschauerwelt verharrt leise in einer winzigen Ewigkeit ... und in Hagens Hand fließt der Rhythmus ... in Hagens schwereloser Hand ...
„Hagen, Hagen ..."
„Mach die Augen auf, sieh Hagen an...", sagte Ernst. „Guck mal ... sieh ihn an ..."
Und Hagen hob seinen kleinen Finger, Hagen ist nicht tot, Hagen bewegt seinen kleinen Finger, der Rhythmus einer Ewigkeit bewegt sein Herz, der Fluss des Lebens flieht von einer Hand in die andere und Hagen lässt den Finger ganz still auf ihre Hand fallen ...
Hagen der seine Märchen vor sich hin träumt ... vor einer Sekunde war er noch dabei, die längste Fabel seines Lebens zu erfinden, länger als alle Schlangen der Welt zusammengenommen, Hagen der sich seinen eigenen Tod gemalt und ausgemalt hatte, aber sie hatte nicht daran geglaubt ... sie wusste, dass Lügen reines Gold sind, wenn sie aus ganzem Herzen kommen ...
Hagens Hand in Vibration ... Hagens Hand ... lebendig ...
Er tickt mit seinem kleinen Finger auf ihre Hand, tick tick tick ...
Ganz langsam, ganz still, ratenweise, tick tick tick ...
„Es ist ein Satz", sagte sie und ihre Tränen fielen auf seine Hand, „er will mit mir reden ..."
Und Hagen sagte ganz klar seinen Satz:
„Tick ticktick tick ticktick ticktick ticktick tickticktick."
Und sein Satz drang in ihr Herz:
„Ich, Hagen von Tronje habe Siegfried getötet."
„Hagen", sagte sie, „Hagen, das ist Ernst Hofman."
„Tick tickticktick", sagte Hagen. „Na wunderbar."
Ernst nahm Hagens Hand.

„Lieber Hagen, wir reden später nochmal. Vielen Dank für die schönen Sätze!"
Und Hagen tickte ganz schnell und glücklich:
„Ich, Hagen von Tronje habe Siegfried getötet ..."

26
Wie Jorinde und Joringel ihre Liebe nah der kalten Erde leben, fern vom weltlichen Getümmel und warum sich Joringel Hals über Kopf verliebt, zitternd und fasziniert von Jorindes tiefem Blick; und wie die Nacht durchaus nicht in Rätseln spricht

JORINDE: Ich sag' dir doch, er betrachtet mich mit zärtlichen Augen, ich irre mich nicht.
JORINGEL: Erzähl mir von ihm.
JORINDE: Er seufzt. Er sieht mich an. Er betrachtet mich.
JORINGEL: Eine Sprache, die niemanden stört.
JORINDE: Es ist entsetzlich.
JORINGEL: Was noch?
JORINDE: Er ... er bewegt sich kaum. Man könnte verrückt werden, aber du weißt ja ... stell dir nur vor ... ich weiß nicht, was ich tun soll ...
JORINGEL: Nun erzähl doch nur ... man stirbt ja vor Neugierde.
JORINDE: Naja, weißt du ... er spricht zu mir ... redet da etwas vage über Grundstückspreise, die letzthin noch gestiegen sind ... mein Gott, was für leidenschaftliche Blicke!
JORINGEL: Herrlich. Red nur weiter ... ich bin ganz hingerissen.
JORINDE: Ich bin verrückt ... verarmt ... hungrig nach ihm.

JORINGEL: Red weiter ... erzähl mir noch mehr ...
JORINDE: Er hält mich in seiner Hand gefangen wie einen Vogel ... ich leide durch ihn ... ohne ihn ... ich breche in Tränen aus, wenn ich ihn nur von Weitem sehe ... er hat so flüssige Augen ... sie sind grün ... wie aus einem anderen Jahrhundert ... sie sprechen zu mir ... sie erzählen mir alles ... ich zittere ...
JORINGEL: Und du, was sagst du zu ihm?
JORINDE: Ich? Nichts ... ich bringe kein Wort heraus ... ich rede von meinem Auto, vom Wettermann ... Korruption, Politik, dass die Grünkohlpreise schon wieder gestiegen sind ...
JORINGEL: Küsse ihn ... umarme ihn ... fass ihn an ...
JORINDE: Oh nein, bitte nicht ...
JORINGEL: Wenn du ins Auto steigst ... in der Garage ... küsse ihn ...
JORINDE: In der Garage, ganz klar ...
JORINGEL: Kein schlechter Ort, um sich zu lieben ...
JORINDE: Naja ... der nächtliche Hof der Mauren ... Montparnasse ... der Gemüsegarten im Sommer ... der Wald der Liebenden ... unter der Brücke ... die winzigen Dünen am Mittellandkanal ... die falschen Strände in Berlin ...
JORINGEL: Weißt du, dass über diesem Keller zehn Stockwerke liegen?
JORINDE: Na toll.
JORINGEL: Das ist nicht alles. Das Geheimnisvolle einer Garage sind ihre Höhen ... und Tiefen.
JORINDE: Sehr lyrisch.
JORINGEL: Unter der Garage, viel weiter unten, genau da wo die Erde ihren ehrlichen Namen einbüßt, in den dunkelsten Höhlen und Gemächern ... da gibt es einen Ort mit rotem Licht und großer Hitze

... mit ein paar Männern ... die frenetisch etwas ganz langsam braten ...
JORINDE: Wie schön.
JORINGEL: Nun, Bruder, beichte.
JORINDE: Du meinst also ... du glaubst wirklich, ich sollte mit ihm reden?
JORINGEL: Wie lange geht das denn schon mit dem Seufzen und mit den flüssigen Blicken?
JORINDE: Ach, ich weiß nicht ... vielleicht seit einem halben Jahr oder so ... es ist mir auch zu redlich ...
JORINGEL: Dann küsse ihn. Es ist an der Zeit.
JORINDE: Er ist ein Schmuckstück, weißt du.
JORINGEL: Ich weiß. Erzähl ihm einfach ... von dem heißen roten Ort unter der Garage.
JORINDE: Einfach so davon erzählen? Ein starkes Stück.
JORINGEL: Ja, aber ... er wird lachen ... und dann kommst du näher ... und legst ihm die Hand auf die Schulter, siehst du ... genau so ...
JORINDE: Ja, ich weiß ...
JORINGEL: ...und dann siehst du ihm in die Augen und sagst ...
JORINDE: Weißt du wie verrückt ich auf dich bin?
JORINGEL: Siehst du, wie schön du das gesagt hast?
JORINDE: ...und dann gehst du ein bisschen näher und berührst sein Bein mit deinem ... so ... genau so ... und dann ... dann sagst du ...
JORINGEL: Ich liebe dich doch gar so sehr, Joringel ...
JORINDE: Ich weiß ...
JORINGEL: Sag du es jetzt ... bitte ...
JORINDE: Ohne dich bin ich verloren, Jorinde ...
JORINGEL: Jorinde ... Jorinde ...
JORINDE: Joringel ... verlass mich nicht ...

JORINGEL: Aber ... ich verlasse dich doch nicht ... ich liebe dich doch ... ich liebe dich doch wie toll ... nie ... nie und nimmer ... wird' ich dich verlassen ... ich schwöre es ... nie und nimmer ...
JORINDE: Aber nicht hier ... hier nicht ... in der Garage nicht ... ich habe Angst ... Joringel ...
JORINGEL: Bei mir hast du keine Angst, Jorinde ... du weißt das doch ... ich bin immer bei dir ... Jorinde ... Jorinde ...
Ne me quitte pas
Ne me quitte pas
Ne me quitte pas

27
Von der Angst, die einem die spanischen Bahnbeamten einjagten; wie die spanischen Bürger sich mit einer verkürzten Verdauung plagen mussten; wozu die braven Hausfeste dienten; davon, dass die Männer sich zu Hause nicht frei bewegen durften; und warum der größte Teil jener illusorischen Patriarchen und Pantoffelhelden stets einen kriegslüsternen Gesichtsausdruck trug

Im Jahre 1968 schrieb sie ihrer Mutter fast jeden Tag, denn es gab immer viel zu erzählen; das Leben hier war sehr kompliziert, sittenstreng und unerbittlich, provinzlerisch, rigoros und sehr spießig, auch wenn Lissy ihr bei ihrem ersten Besuch in Spanien sagte: „Das kann man allerdings nicht mit dem Dritten Reich vergleichen ... die Nazis hatten eine totale Kontrolle über unsere Leben ... es war schrecklich autoritär und drakonisch ... Dieses Regime wirkt schlaff und abgenutzt ... ich glaube nicht, dass sich das noch lange halten

kann ... wir hatten zwölf Jahre lang eine Diktatur und zum Schluss eine entsetzliche Tragödie ... hier geht das allerdings schon sehr lange ... mein Gott, zweiunddreißig Jahre lang!"
Eigentlich hieß es auch ständig in Europa, dass das Francoregime nicht mehr lange dauern würde, obwohl man sich in Spanien selbst bewusst war, dass sich nichts ändern würde, solange das alte Francokrokodil noch am Leben war, es war unglaublich, aber die fragile Möglichkeit einer Demokratie hing einzig und allein vom Tod des Diktators ab. Er würde noch sieben Jahre lang am Leben sein ... wie grauenhaft!
Das Leben war äußerst verwickelt und schwierig. Man musste ständig aufpassen mit dem, was man sagte, tat, äußerte, dachte und machte. Abgesehen davon, dass die Leute im Allgemeinen sehr intolerant waren, gab es derart viele unausgesprochene Verbote und Beschränkungen, dass man ständig das Gefühl hatte, man wohne in einem Land ewig nörgelnder Altchen und Mümmelgreise. Sie selbst wurde jeden Tag erstaunten und oft misstrauischen Blicken unterzogen. Obendrein waren ihre Röcke zu kurz, sie lachte zu laut, kochte komisches Essen und all das zusammen gab viel Anlass zu einer unendlich langen Serie von Kommentaren, die sich ständig erweiterten und für die Ewigkeit erfunden wurden: Ja, was kocht die denn da und was isst sie denn eigentlich? Weiß die, was Essen eigentlich ist? Sie zog ihrem Baby die falschen Kleider an, sie waren zu bunt, sie selbst zu blond, zu ausländisch und alle Welt begaffte sie stets und ständig auf der Straße; an jeder Straßenecke standen Polizisten und andere Kerle, die herumspionierten. Diese Elemente trugen einen hadersüchtigen und reichlich unfriedlichen Ausdruck auf ihren Gesichtern mit sich herum, man bekam es häufig mit der Angst. Na, immerhin tragen die Frauen hier keine Uniformen und lachen häufig, meinte Lissy, die sehr oft zu Besuch kam.

Der Feind war überall und manchmal sogar dort, wo man ihn am wenigsten erwartet hätte; die Bahnbeamten jagten einem Angst ein: Sie hatten einen derart lakonischen und wilden Ausdruck im Gesicht, dass man mit sofortiger Wirkung beschloss, sich nicht an sie zu wenden und sie um Gottes Willen nichts zu fragen. Es waren derartige Holzköpfe von quadratischem Zuschnitt unter ihnen zu finden, dass man nur hoffen konnte, sie würden einen nicht entdecken; sie starrten die Reisenden kalt an, als seien sie ihre Gefangenen, die mit großer Eile ins Zuchthaus abtransportiert werden müssten, oder als handele es sich um Rekruten, für die sie als ausnehmend grausame und von jeglicher Kultur und Feinheit unbeleckte Feldwebel fungieren wollten, es schien, als sei man selbst eine Bedrohung für das Land und sie fuhren fort, deine Fahrkarte in alle Einzelteile zu zerlegen, selbstverständlich mit dem Ausdruck eines ewig wütenden Staatsanwaltes, und wenn da irgendwo eine Ziffer auf der Karte fehlte, hieß es ‚Na siehste, da haben wir's ja' und du wurdest mit sofortiger Wirkung und ohne jeden Zweifel umgehend zum Sträfling abgestempelt, als seist du der ungebärdige und kriminelle Abkömmling von Banditen und Straßenräuberinnen, sie ließen dich einfach auf dem Bahnsteig im Regen stehen, du durftest auf keinen Fall in den Zug einsteigen, denn es erschien da, unfehlbar, noch so ein unverschämter Kerl, der mit der Stimme eines hysterischen Nazikommandanten schrie:
„Nun hören Sie mal, Fräulein, wo haben Sie denn diese Fahrkarte her?"
„Die habe ich in Deutschland gelöst."
Und es schien, als ob du in dem wüsten Exemplar von Feldwebel eine ungemein große und durch nichts zu begründende falsche Freude ausgelöst hättest, denn jetzt waren ja alle Schranken gefallen und sie konnten mit dir und deiner Fahrkarte tun und lassen, was immer ihnen nur so einfiel, dich verspotten wegen deiner Ausweispapiere

und deinem Gepäck. Sie hatten da tausend verschiedene Versionen auf Lager, eine scheußliche Spottkomödie mit mehreren Akten, sie hätten dir schon im Voraus sagen können, dass so etwas doch auf keinen Fall gutgehen könne, sie hatten sowieso schon gewusst, dass das auf keinen Fall eine richtige Fahrkarte mit allem Drum und Dran war, diese Ausländer kamen daher und hatten natürlich von nichts eine Ahnung. Doch hierzulande hatte jede Fahrkarte ein Datum und eine Nummer, wir waren hier ja schließlich in Spanien und hier konnte man nicht mit irgendwelchen Kärtchen wedeln, hier musste man alles ordnungsgemäß vorzeigen, Fahrkarten, Ausweise und sonstige Papiere, und wenn man das nicht formvollendet tat, dann war eben einfach alles umsonst, und man musste wieder von vorne anfangen und in düsteren kafkaesken und schlecht beleuchteten Büros mit weiterem bürokratischen Kram beginnen, und auch dann ließen sie einen noch nicht in den Zug, denn zum Schluss, nachdem du Wasser und Tinte geschwitzt und dich von einem Schalter zum anderen geschleppt hattest, teilten sie dir zynisch lächelnd mit, dass es natürlich unmöglich war, in diesen einen Zug zu steigen, der immer noch da stand, und dass du wie im Zweiten Weltkrieg bis zum nächsten Tag auf den Zug warten musstest, der übrigens derselbe alte grässliche Zug war, nur noch ein wenig schmutziger, aber es war natürlich nicht das Gleiche, denn sie waren ja nur darauf aus, einem auf eine grobe und grausame Art anzutun, was immer ihnen einfiel, denn sie waren Faschisten, und auf eine eitle und dünkelhafte Weise durften sie die tollsten Anordnungen treffen und sie waren darauf aus, dir das möglichst tief einzuimpfen, so dass du endlich vollkommen erschrocken dastandest, du solltest vor ihnen zittern, erst dann war ihnen wohl, diesen unchristlichen Wesen, die ihre gehässigen und schändlichen Gesetze von der letzten faschistischen Festung aus diktierten, der iberischen Halbinsel.

Ihr Spanien der sechziger Jahre, in das sie gefallen war wie ein Apfel in einen Garten, war eine absurd verknöcherte, kantige und steinharte Welt, in der sie einherging wie in einem Traum, so, als wenn man sie auf einen vollständig anderen Planeten verpflanzt hätte. Manchmal schien es eine friedliche und entzückende Welt zu sein, in der man so nette Spiegeleier bekam, die auf einem braunen Tontellerchen serviert wurden, sie schmeckten wunderbar, und wenn dir etwa schwindelig war, behaupteten die Ureinwohner dieses Fleckchens Erde, dass man sicher an einer verkürzten oder unterbrochenen Verdauung litte, hier schien das ein alltägliches Volksleiden zu sein und wurde eben so genannt, und sofort wurde eine Tasse Kamillen- oder Lindenblütentee herbeigetragen. Hatte jemand Bauchweh, dann gab es dagegen verschiedene Liköre, wie Anis- oder Kräuterlikör, und es gab ein unendlich großes Heer von jungen Mädchen, die ein verbrieftes Anrecht auf mehrere Gläschen Likör zu haben schienen, jedenfalls durften sie sich auf ärztliche Anordnung und Erlaubnis der jeweiligen Mutter, hingegossen auf eine Chaiselongue, einmal im Monat ordentlich einen antrinken.

Die Feste waren nicht etwa Parties mit Beatlemusik wie in Deutschland; sie hießen hierzulande ‚guateques', und so wild und indianisch dies auch klang, waren es doch eher sehr häusliche und ausnehmend zahme Veranstaltungen, die unter den Luchsaugen der Eltern, Tanten, Großmütter und Nachbarn stattfanden. Sie dachten ja nicht daran, sich etwa zu entfernen, damit die Jugend sich auf ihre Art vergnügen könne, sie saßen eher wie festgeschraubt in Küchen, Fluren und Wohnzimmern. Die Männer durften ein Getränk herstellen, das sich ‚cup' nannte und von dem man annahm, dass es ‚cap' geschrieben werde, und bei dem es sich um eine sehr schwach alkoholisierte Fruchtbowle handelte; jedenfalls war dies Männersache und den Alkohol, den sie nicht in die Bowle schütten durften, tranken sie einfach selber, doch wenn sie etwas lauter und witziger wurden, da bekamen sie sofort die strenge Anordnung, sich in ein kleines Zimmerchen gleich neben der Küche zurückzuziehen, denn im Haus, da hatten die Frauen das Sagen und die meisten Männer muckten nicht dagegen auf. Das Leben der spanischen Frauen in den sechziger Jahren war nicht leicht und häufig recht grausam; es gab keine wie immer geartete Gleichberechtigung. Als Kontrapunkt oder wie eine Art Rache durften Männer sich nicht frei im Haus bewegen. Draußen stolzierten sie sommers wie winters uniformiert oder in steife Anzüge gezwängt durch die Gegend, sehr wichtigtuerisch, die Krawatten straff um die Gurgel gezogen, doch sobald sie ins Haus traten, riss man ihnen Mantel und Jackett vom Leib, reichte ihnen einen meist gestreiften oder geblümten Morgenmantel hin, stellte Pantoffeln vor sie hin und wies ihnen den immergleichen Sessel zu. Da saßen sie nun mit der Zeitung in der Hand und träumten davon, dass sie Patriarchen seien, und es gab kaum freundschaftliche Beziehungen zwischen den beiden Welten, denn sie waren an gleichberechtigte Beziehungen überhaupt nicht gewöhnt, es war davon einfach nicht die Rede; es war offensichtlich, dass sie Frauen in jedem Sinn und in fast allen gesellschaftlichen Beziehungen als Menschen zweiter Klasse betrachteten, wohingegen die Frauen eigentlich nur Schlechtes und Unmenschliches von Männern zu berichten wussten ... sie steckten voller Misstrauen ... es war ganz offensichtlich, dass auch sie Männer nicht als gleichberechtigt betrachteten, sondern eher als Menschen zweiter Klasse. Es war ein wahrer Krieg zwischen den beiden Fronten im Gange, man hörte Schüsse, Donnergetöse und Bomben. Ein minenverseuchtes Feld sozusagen. Sie hatte noch nie so über Männer reden hören ... die Frauen erzählten so nebenbei, dass alle Männer gleich seien, dumm, grob, und so wie Bestien und Tiere. Man hörte auch nicht selten das Wort ‚Schwein' sobald es um Männer ging.

„Von mir aus können die in ihrer Kaserne befehlen, hier zu Hause hat sich's ausbefohlen, sind wir etwa alle Soldaten? Sind die übrigens nicht alle von einer Frau geboren worden, worauf sind sie eigentlich so stolz?"

Wenn ein Mann aufstand und anfing, im Haus herumzugehen, hier eine Schublade zu öffnen und da was nachzugucken, sogar sich der Küche näherte, da wurden die Frauen schnell ärgerlich und fragten sehr misstrauisch:

„Was willst du? Wieso wühlst du denn in der Kommode, was soll denn das? Was hast du da zu suchen? Nun komm, mach die Schublade zu, da findest du doch nichts; geh, setz dich an den Tisch, das Abendessen ist gleich fertig, nun komm schon! Trink ein Glas Wein, gleich kommt die Suppe."

Den Männern wurde das Essen zuerst serviert, das erschien ihr als etwas ganz Unfeines ... in ihrem Deutschland und rundherum ... da hieß es immer, erst die Damen ...

Bei den besagten guateques trugen die Jungs Krawatten und standen da schüchtern mit etwas dämlichem Ausdruck in der Gegend. Die Mädchen lachten über sie und es war ganz offensichtlich, dass sie ihren Zeitgenossen nicht recht über den Weg trauten.

Ihr altmodisch verkrustetes Spanien jener Jahre hatte einen ganzen Katalog fester Regeln und die Matriarchinnen des Landes gaben ihren Töchtern, Enkelinnen oder Nichten immer die gleichen etwas obskuren Ratschläge mit auf den Lebensweg oder den Weg zur Universität oder Tanzschule, und die Predigt war erstaunlich grausam und monoton:

„Ja, du weißt ja, alle Männer wollen das Gleiche, so benimm dich gefälligst wie du es gelernt hast, und wenn du etwa meinst, die hätten bloß zwei Hände, dann hast du dich geirrt, denn plötzlich fassen die dich hier und dort an, pass ja auf, mein Töchterchen, die sind wie

Kraken, das kann ganz fatal ausgehen und guck ja hin, mit wem du da ausgehst, denn erst kommt der Erste, und dann der Zweite, und danach immer einer nach dem andern, und lach ja nicht so laut, dass alle dich angucken, die Leute sind pervers, das ist ja bekannt, und schließlich landest du in den Klatschmäulern der Waschfrauen und Bäcker, und wir wollen doch nicht, dass die über uns herziehen oder? Ja, also da wird es besser sein, wenn du dich möglichst schnell ganz formell verlobst, danach wird dann geheiratet, und Punktum, und da wird nicht etwa wie ein so schwachsinniges Flittchen mit diesem und jedem durch die Gegend gezogen!"

Und sie gackerten alle zusammen im Chor und malten eine sehr schwarze Zukunft für die kleine Begoña aus dem fünften Stock an die Wand, na, guck sie dir doch an, wie die jetzt aussieht und mit wem die durch die Gegend zieht, habt ihr das gesehen? Immer mit diesen kurzen Röcken, was für eine frivole Kreatur! Wo wird dieses hirnlose Wesen wohl noch enden mit diesen dünnen Kleidchen und dem frivolen Gehabe! Na, sicher in einem Kabarett oder gar als Studentin der Staatswissenschaften, und mit immer kürzeren unanständigen Kleidchen sieht man sie bei den Demos mit diesen langhaarigen ungeduschten Kommunistenbürschchen, von Anständigkeit und Verständigkeit keine Spur; die würden ja ihrem eigenen Vater einen Stein an den Kopf knallen, von nachts gar nicht zu reden, wo treiben die sich wohl alle zusammen im Dunkeln herum? Na, ein schön frivoles Durcheinander, wie die sich in den dunklen Buden zusammenrotten, das kann man sich ja vorstellen! ...in was für verräucherten Kneipen und verrufenen Lokalen die sich wohl herumtreiben!

„Herr, du meine Güte", riefen sie aus, „die Welt ist schon verdorben genug und wird sicher bald untergehen."

28

Davon, wie Eddie Corelli Hagen ins Gesicht spuckte; wozu das seltsame Maschinchen gut war, das Hagen im Keller hatte; und wie Hagen das Licht der Welt zum zweiten Mal erblickte, und noch dazu als Deutscher; und wie seine Schwester plötzlich zur Amerikanerin wurde

Als sie es fertiggebracht hatte, ihren Bruder aus dem Koma zu holen, wurde das von den Ärzten als Wunder betrachtet, doch war sie fest davon überzeugt, dass ihr Bruder Hagen aus seinem tiefen Koma erwachen würde. Ihr Bruder Hagen war von klein auf ein komisches Bürschchen gewesen: kreativ, witzig, unschuldig, musikalisch und naiv, glänzend schlau und blauäugig zugleich, er vibrierte oft förmlich vor Freude und tanzte lustig durch die Gegend, wenn es ihm gelang, etwas nie Dagewesenes zu planen und auszuführen, auch wenn es nur der Plan und der nachfolgende Bau eines merkwürdigen winzigen Maschinchens war, das ein paar Takte von Mozart von sich gab, sobald sich das Radargefährt der Post in der Nähe befand, das Zeichen für Hagen, der unten im Keller seiner Mutter an einem perfekt funktionierenden Sender herumfingerte, sofort alles duster zu machen und den Sender im Kohlenkeller zu verstecken, und sich wie irre in den Garten zu stürzen und so zu tun, als sei er schon seit Stunden damit beschäftigt, die kleinen Mohrrübenpflänzchen zu setzen. Die Postbeamten stiegen mit strengem Gesicht aus dem Wagen, klingelten an der Tür und fragten Lissy:

„Ist der Hagen im Keller?"

„Nein, natürlich nicht", antwortete seine Mutter, „bei dem Wetter hat er anderes zu tun, gucken Sie mal in den Garten, er setzt gerade Mohrrübenpflänzchen ..."

... als sie es schließlich fertigbrachte, ihren Bruder aus dem Koma zu holen, nach vielen Stunden und Tagen, in denen sie geredet und Jazz gesungen hatte, und Weihnachtslieder auf Galicisch und auf Deutsch, Bachsonaten gepfiffen, geweint und Wasser auf ihn gegossen und in den Arm gekniffen hatte und in die Hand, ins Gesicht, in die Füße und ihm die tollsten Beleidigungen an den Kopf geschleudert hatte, also in dem unglaublichen wunderbaren und himmlischen Augenblick, da war auch mit ihr etwas geschehen ...

... jetzt war sie nicht nur Deutsche, Galicierin und Spanierin mit galicischem Akzent, sondern gleichzeitig Amerikanerin und außerdem mit einem zehn Minuten langen Stehapplaus ...

... während ihr Bruder Hagen Thilo, frisch, lieb und penetrant, der schon seit zwanzig Jahren in den Vereinigten Staaten lebte und bereits so amerikanisch war wie eine Pizza aus Frenchtown, New Jersey, aus dem Koma erwachte und das Licht der Welt zum zweiten Mal erblickte, und außerdem als Deutscher.

...er wurde zum zweiten Mal als Deutscher geboren, das witzige und originelle Kind, Hagen Thilo genannt, und würde noch weitere acht Jahre leben wie jemand, der an seinem Namen hing wie andere ihr Leben lang am Schürzenband ihrer Mutter.

Hagen Thilo wurde neu geboren, und diese zweite Geburt hätte eigentlich gar nicht stattfinden dürfen, denn im Grunde war dies alles eher geplant als ein ungemein trauriger Todesfall, so sagte es jedenfalls der Chirurg, der in einem äußerst schwierigen vierstündigen Eingriff sämtliche Kabel und Einzelteile in Hagens Innerem wieder zusammenschweißte; bei dem Unfall war das Gehirn nach rechts und obendrein noch nach unten gerutscht und der Mann gab sich alle Mühe, denn er glaubte an Gott und mit so einem Durcheinander im Gehirn konnte man wirklich keinen in den Himmel schicken, sagte der Chirurg, ganz bestimmt würde der alte Petrus ihm eine tolle Strafe aufbrummen.

Hagen, in seiner Unschuld, konnte manchmal ganz schön gefährlich werden, und da gab es so einen Kerl, Eddie Corelly aus New York, früher mal sein bester Freund und Kumpel, der musste beim letzten Zusammentreffen mit Hagen in einer derartigen Geschwindigkeit aus dem weltberühmten Tiffany abhauen und auf eine Weise, dass drei Rollschuhläufer auf der weltbekannten Avenue noch am Tag darauf den Mund offen hatten vor Erstaunen und in der Gegend herumglotzten, jedenfalls hatte Eddie wohl begriffen, dass es jetzt Schluss damit war, weiter bei Tiffany Champagner zu trinken, obwohl man sich an diesem Ort auf eine edle und witzige Weise vom alten Jahr verabschieden konnte. Eddie Corelly war schon seit Langem auf irgendeine verlotterte Art wütend auf Hagen, die ganze Angelegenheit stank schon von weitem, und Hagen guckte ihn mit seinem Engelsblick an, es war ja Heiligabend, und er wollte ihm gerade die Hand geben und die Sache bereinigen, an der er gar nicht schuld war, das wusste jeder, er wollte also mit Eddie Frieden schließen ...

„Come on, guy, let's be friends ..."

...aber Eddie dachte nicht im Traum daran, diese muffige Angelegenheit zu bereinigen, er wollte einfach weiter versauern, er fühlte sich wohl so, sagte sein Bruder, so richtig in Fahrt und fuchsteufelswild, ganz offensichtlich war er grantig und rabiat von Geburt an, eine richtige Wut im Bauch, wie winzig die Motte auch war, die da an seinem Pullover knabberte, ihn brachte sie auf hundertachtzig, seine eigene Mutter behauptete, die Milch würde sofort sauer, Eddie brauchte bloß einen seiner Blicke auf den Karton zu werfen, und so spuckte Eddie Hagen einfach ins Gesicht, Hagens Freunde standen und saßen da wie festgemauert und der Oberkellner, Elvis Fandiño, ein Galicier aus Ourense, und obendrein aus dem schönen Dorf

Chandrexas do Queixo, stand da vollständig versteinert und kriegte kein Wort 'raus, er, der das Schweigen bestimmt nicht erfunden hatte, ja, er war sogar eine richtige Quasseltüte, und Hagen glaubte für einen Augenblick, dass er sich in einer schlechten Fernsehkomödie befand, aber dann lächelte er geheimnisvoll und guckte nach oben, so als ob bei Tiffany drinnen so ein schöner Himmel zu sehen sei, griff sich eine Serviette und wischte sich damit über das Gesicht und sagte ganz langsam:
„Ja, weißt du, Eddie, es gibt ja noch andere Jahre, mehr, als wir vielleicht gebrauchen können ... und dankeschön, Eddie, dass du die ganzen Jahre mein Freund gewesen bist ..."
An dieser Stelle der Szene braute sich in dem edlen Lokal langsam ein äußerst wasserdichtes und kurvenreiches Schweigen zusammen, und bald erhoben sich hier und dort alle möglichen übellaunigen und leicht entzündbaren Gestalten, die schon länger darauf aus waren, sich den Eddie mal ganz unverkrampft und krude vorzuknöpfen und ordentlich durchzuwalken; Eddie Corelli, verdammt noch mal, Eddie, der doch der Bruder eines ganz berühmten Schauspielers war, aber Hagen sah sich da plötzlich von einer Reihe muskelbepackter wütender Freundchen umgeben, denen man alles Mögliche nachsagen konnte, nur nicht, dass sie fleißig und arbeitsam waren, das Gesetz achteten und sich jeden fröhlichen Morgen mit Kernseife abschrubbten. Die Kerle waren verrückt nach Hagen, das war universell bekannt, denn im Prinzip waren sie alle für Hagen vollkommen unschuldige und blauäuige Wesen, sogar der makabere Rallye Buick mit seinem lichtarmen Lebenslauf, der mit allem besudelt war, nur nicht mit frischgekochter Hühnersuppe und reinem Täuflingswasser aus der frischen Quelle. Er war nur deshalb nicht nach seiner letzten Schlacht verröchelt, weil der Herr es anscheinend so vorgesehen hatte und weil Hagen alles, was da noch so lose und reichlich

schlackrig und frivol bei Rallye Buick zusammenhing, und das war weiß der Himmel weder viel noch sehr sauber, liebevoll zusammengekratzt hatte und ihn danach rührend und tagelang mit geheimnisvollen Schlammpackungen aus dem Schwarzwald bediente und Suppen aus wildem Knoblauch für ihn kochte, der Knoblauch hieß allium porrum auf Latein, behauptete Rallye Buick, sehr delikat und superb, sowas könnte sowieso bloß der Hagen Thilo, denn davon wurd's ihm wieder gut.

„Sag' mir nur, was ich mit dem Scheißkerl machen soll", bedrängte er Hagen, während er dem Eddie, der verschüchtert zwischen zwei Tischen klemmte, einen Blick zuschmiss, der das spuckende Lama halb blind, halb schielend zurückließ, so groß war der Schreck und die Erstarrung, in die er eingetaucht war.

„Nichts, tu ihm gar nichts", antwortete Hagen friedlich, „weder dem noch sonst irgendeinem."

Er lächelte den unfriedlichen und kriegslüsternen Kerlen so entzückend zu, dass auch sie in eine allerdings sehr friedfertige und harmonische Erstarrung verfielen.

„Geht in Ordnung, Hagen", brummte Rallye Buick nach einer Weile, „von mir aus; du bist ja schließlich hier der Haupttiger in meiner Gang, aber der sabbernde Genosse hier hat's scheint's sehr eilig ..."

Eddie Corelli machte sehr gelenkige Anstalten, sich zu verkrümeln, da war aber Rallye schon dicht dran an dem flüchtenden Exemplar und packte ihn sanft mit seinen Riesenhänden, so als ob er ein verwöhntes Kindergartenkind wegräumen wollte, dann schleuderte er ihn in der Luft herum und setzte ihn schließlich ziemlich unsanft vor die Tür. Da saß er nun und stierte vor sich hin, alles drehte sich um ihn herum.

„Mach' bloß, dass du Land gewinnst, du Fischsau, verschwinde nach Chicago mit deiner erbärmlichen Zittergang", sagte Rallye Buick mit eiskalter und gleichzeitig wütender und ganz grober Stimme, „und steck' deine dreckige Schnauze hier ja nicht noch mal rein, du verfluchte Nachtfratze, verdammtes verkrüppeltes Ungeheuer! Fass mir bloß den Hagen nicht noch mal an, damit ist jetzt Schluss und Essig!"

Eins war jedenfalls klar, Hagen wusste manchmal nicht, wo er war, aber er wusste immer, was er tat, daran gab es keinen Zweifel; er verstand es gar nicht, heimtückisch und infam zu sein und zahlte es diesen erbärmlichen Typen nie mit gleicher Münze heim, und in dem winzigen Augenblick, in dem Hagen endlich seinen kleinen Finger hob und damit die Hand seiner Schwester berührte, begriffen sie alle, dass Hagen das Leben, die Musik und die Leute so leidenschaftlich liebte, dass er eben schon aus diesem Grund dem Tod noch einmal entwischen und wieder lebendig werden durfte und wach wie ein Salamander im Frühling.

Und dann stürzte plötzlich ein Haufen Amerikaner in Hagens Zimmer, alle, jedenfalls alle, die das was anging, wirklich alle, die Chirurgen und die Krankenschwestern, und diese warmherzigen tollen Burschen, die einem die Betten und Rollstühle zusammensetzten und wieder auseinanderschraubten, und die weitaus schwärzer waren als ungarisches Pferdeblut, und Elisabeth aus Wien, die mit Engelsstimme singend ständig irgendeinen der endlosen Flure wischte, und natürlich die ausladende, wunderschöne, dunkelhaarige Köchin, die immer so fantastische Kleidung trug, vollständig originell, sehr erotisch und nie zuvor gesehen, so dass es manchmal fast für einen handfesten Skandal gereicht hätte, die ließ einfach ihre Pfannen und Töpfe im Stich, um bei dem winzigen Augenblick dabei zu sein, in dem Hagen fast eine halbe Stunde brauchte, um seinen kleinen Finger zu heben und die Hand seiner Schwester zu berühren, und alle diese verschiedenfarbigen Leute mit den tollsten Akzenten sich

plötzlich in real Americans verwandelten und in einem Atem und Liederchor sie umarmten und küssten und riefen wie in einer einzigen großen Liebkosung:
„You are American".

29
Wie Dolores und María nachts von ihren Liebesangelegenheiten redeten; und auf welche Weise die Geschichte der Eduarda und ihrem Geliebten auftauchte; warum Dolores einen Brotbeutel auseinandertrennte; und wieso es besser ist, aufrecht zu sterben als ein Leben lang auf den Knien zu liegen

Sie hatten Hunger und waren müde nach dem langen Tag, den sie zusammen verbracht hatten. Schweigend saßen sie beim Abendessen in der Küche. Adelina wollte früh zu Bett gehen, sie entschuldigte sich bei Dolores:
„Ich bin ganz kaputt ... und furchtbar müde, meine Liebe, oh Gott, was hatten wir heute in der Kuchenbäckerei für eine Arbeit. Ich muss mich jetzt wirklich entschuldigen, denn ich will ja auch die Frühmesse nicht versäumen ..."
Dolores lächelte und stand auf, um sie zu umarmen.
„Verzeihen Sie, dass ich Sie nicht zur Frühmesse begleite, aber wir müssen so früh weg, und vorher haben wir noch eine Versammlung im Rathaus ..."
„Es ist mir eine Ehre", sagte Adelina und gab ihr ein besticktes Deckchen für den Brotkorb, „Sie bei uns zu haben ... Wir haben nur dieses bescheidene Häuschen ..."

„Bei mir sieht es ganz ähnlich aus", sagte Dolores und sah gerührt auf das Küchenfenster; auf der Fensterbank standen frische große Margueriten in einer alten Kaffeekanne. „Vielen Dank für das Deckchen, ich hab' schon lange nicht mehr so feine Stickerei zu Gesicht bekommen. Sie sind eine wahre Künstlerin."
„Dankeschön", sagte Adelina.
Dolores gab ihr einen Kuss und umarmte sie zärtlich.
„Vergiss ja nicht abzuräumen, Maria", sagte Adelina.
„Wir machen das zusammen, gehen Sie nur ruhig schlafen", sagte Dolores. „Ich tu' das gern, ich kann mich daran richtig freuen, ich bin ja die meiste Zeit nur unter Männern ... manchmal hab' ich das richtig satt ... ich vermisse mein Häuschen und meinen Sohn Rubén ... wie schnell er gewachsen ist, er ist schon ein richtig großer Junge! Er ist beinahe achtzehn ..."
Adelina seufzte und strich sich mit der Hand über die Stirn.
„Die Kinder werden einfach zu schnell groß", sagte Dolores. „Übrigens habe ich immer eine Handarbeit dabei, ich arbeite da sehr gerne dran, wenn ich mal einen freien Augenblick habe ... Man kann ja nicht immer nur lesen!"
Dolores zog eine Häkelarbeit aus ihrer Tasche, ein kleines vanillefarbenes halbfertiges Deckchen.
„Eine sehr feine Arbeit", sagte Adelina.
„Ich musste einen Brotbeutel dafür auftrennen, Sie wissen ja, wie teuer das Leinengarn ist ..."
„Natürlich", sagte Adelina.
Dolores blickte sie lächelnd an. Adelina trug einen Mittelscheitel, ihre glänzendschwarzen Haare waren hochgesteckt. Die großen Augen waren dunkel, der Blick sehr tief, fast traurig; sie hielt sich ganz gerade und hatte eine hohe Stirn. Sie hatte offensichtlich ein gesun-

des Selbstbewusstsein. Gleichzeitig war ihr die ungeheure Anstrengung anzumerken und die langen Arbeitsstunden.
Sie gähnte und hielt sich erschrocken die Hand vor den Mund.
„Gehen Sie bitte schlafen", sagte Dolores mitleidig. „Ich kam ja auch gar nicht dazu, mich mit María zu unterhalten! Gute Nacht, meine Liebe."
„Schlafen Sie gut", sagte Adelina.
Adelina schloss leise die Tür. Alle im Haus schliefen schon.
„Erzähl' mir von deiner Mutter", sagte Dolores. „Sie kommt mir so stark und mutig vor, ich bin ganz beeindruckt von ihr."
„Wir waren sechs Kinder, aber jetzt sind wir bloß noch vier, Antonio, Gerardo, Vicente und ich. Olegario ist als Kind gestorben, Severino starb vor drei Jahren, er war schon verheiratet; er war schwer krank ..."
„Gott, deine arme Mutter", sagte Dolores. „Als Mutter hat man es wirklich nicht leicht ..."
Sie ging zum Küchenfenster und streichelte die frischen großen Margueriten in der alten Kaffeekanne.
„Ich kenne nur deinen Bruder Antonio", sagte sie lächelnd. „Ein Bild von einem Kommunisten! Ich wüsste gar nicht, wie wir ohne ihn auskommen sollten."
María räumte den Tisch ab.
„Lass mich abwaschen, ich tu' das gern", bat Dolores.
María lachte und sagte: „Von mir aus ... ich trockne lieber ab. Übrigens könnten wir danach noch einen Kaffee trinken, meinst du nicht? Ein bisschen ist noch da, es reicht gerade für zwei Tassen."
„Ja gerne", sagte Dolores, „es ist zwar reichlich spät, aber ich trinke auch so gerne Kaffee... zu jeder Tages- und Nachtzeit ... da kannst du mir auch ein bisschen von dir erzählen, findest du nicht? Hast du einen Freund?"

„Ach, da laufen mir so alle Möglichen hinterher", sagte María und kicherte, „naja, einen hab' ich da wohl, der gefällt mir eigentlich ... Er behauptet, er sei verrückt auf mich, jedenfalls meint der Quatschkopf das."

„Na, der gefällt dir wohl besser, als du selber glaubst", sagte Dolores.

„Kann schon sein, aber was hab' ich davon?", sagte María.

Dann kicherten sie beide.

„Mir kommt es so vor, als denkst du Tag und Nacht an ihn", sagte Dolores.

„Was weißt du denn sonst noch von mir, kleine Zauberhexe?"

„Naja, du träumst von ihm und stellst dir alles Mögliche vor."

„Was soll das denn das heißen?", sagte María mit glänzenden Augen.

„Raus mit der Sprache!"

„Bist du mit ihm schon mal im Heuschober verschwunden?"

„Weißt du was?"

„Raus mit der Sprache!"

„Ich denke an nichts anderes!"

Sie kringelten sich vor Lachen.

„Ich möchte dir noch mehr von meiner Mutter erzählen", sagte María." Die Geschichte ihrer Familie ist sehr interessant; ihre Mutter, also meine Großmutter, hieß Eduarda und war eine sehr gute Köchin. Sie kochte Festessen bei reichen Leuten; sie war richtig berühmt und man schätzte sie sehr. Sie hat unglaublich viel gearbeitet, kochen ist ja Schwerarbeit. Obendrein hatte sie acht Kinder: Ricardo, Aurelio, Adelina, meine Mutter, Severino, José, Julia, Ceferina und Victor. Meine Tante Julia hat einen Basken geheiratet und ihre Tochter Julita konnte Lehrerin werden, stell dir das mal vor! Julita und ich sind sehr befreundet. Ich hab' dir ja schon erzählt, wie wir im Jahre der Republik, also 1931, einfach hier in Pontevedra in ein Café gingen,

es heißt Petit Bar. Wir haben uns da einfach hingesetzt und Kaffee bestellt. Das war das erste Mal, dass zwei Frauen hier in ein Café gingen, stell dir das mal vor!"
„Gut gemacht!", sagte Dolores. „Das nenne ich Mut! Ihr seid wirklich zwei revolutionäre Mädchen!"
„Na klar, oder glaubst du, dass du die Einzige bist?", sagte María und lachte leise. „Aber ich will dir noch mehr erzählen. Wie gesagt, Eduarda hatte acht Kinder."
„Welch ein Reichtum!", sagte Dolores.
„Ja, das ist richtig ... Aber jetzt möchte ich dich was fragen. Kennst du Osorio Tafall?"
„Na klar", sagte Dolores. „Er ist Studienrat, war bereits Bürgermeister von Pontevedra und jetzt ist er in Madrid als Parlamentarier. Er ist zwar noch jung, aber sehr bekannt und sogar beliebt, er wird es noch weit bringen!"
„Mein Bruder Antonio hat für ihn die Kampagne gemacht; sie sind im gleichen Alter, beide sind 1902 geboren. Antonio hat sich richtig für ihn ins Zeug gelegt, und Osorio war ihm auch sehr dankbar dafür, aber zum Schluss war Antonio eigentlich ziemlich wütend auf ihn."
„Wieso denn das?", fragte Dolores gespannt.
„Das war auf dem Bahnhof", sagte Maria, „Osorio musste ja nach Madrid, und als sie sich verabschiedet haben, sagte er zu Antonio: ‚Auf Wiedersehen, mein Lieber, und von jetzt an sei ja schön vernünftig!'."
Beide mussten lachen.
„Etwas unverschämt kommt mir das schon vor, obwohl ich Osorio bewundere", sagte Maria.
„Das mag so aussehen, aber es hört sich eher an wie Jungenkabbeleien", sagte Dolores.

„Erzähl mal weiter, denn ich begreife nicht recht, was Osorio Tafall mit der Eduarda zu tun hat!"
„Ja, nun pass mal auf", sagte Maria. „Eduarda hatte einen Geliebten, der war Osorios Vater. Was sagst du nun?"
„Ich bin sprachlos", sagte Dolores. „Das ist ja eine feine Angelegenheit."
„Meine Mutter und Osorio Tafall sind Halbgeschwister. Eine meiner Tanten scheint auch seine Tochter zu sein."
„Eine erstaunliche Geschichte", sagte Dolores nachdenklich.
„Das finde ich auch", sagte María. „Mir gefällt die Geschichte der Familie meiner Mutter, und so hab' ich auch eine sehr begabte Großmutter gehabt, denn alle haben mir erzählt, dass sie eine märchenhafte Köchin war, und außerdem habe ich noch einen sehr intelligenten Onkel, der Parlamentarier ist."
„Hast du jemals mit ihm gesprochen?", fragte Dolores.
„Mit Osorio Tafall? Natürlich nicht, das würde ich mich gar nicht trauen!", erwiderte Maria.
„Wieso nicht, oder glaubst du, er ist mehr wert als du?", sagte Dolores. „Ich wüsste nicht, warum ... Warum redest du nicht mal mit ihm? Immerhin ist er dein Onkel. Er wäre sicher entzückt von so einer intelligenten und hübschen Nichte. Dabei kannst du ihm gleich erzählen, dass dir das ‚Von jetzt an sei aber schön vernünftig' gar nicht gefallen hat ..."
„Ach, ich weiß nicht ... naja, also wie du meinst, vielleicht spreche ich ihn ja mal an, aber jetzt erzähl mir mal was von deinen Liebesabenteuern!"
„Ich weiß nicht, ob ich das darf."
„Was soll denn das heißen? Hast du etwa Angst, dass ich irgendwas davon rumerzählen würde? Um Himmels Willen! Soll ich dir was versprechen?"

„Was denn?", fragte Dolores neugierig und lächelte sie an.

„Dass ich höchstens nach deinem Tod was weitererzählen würde, was meinst du dazu?"

„Hör mal, meine Kleine, pass du nur auf! Ich werde noch lange leben, ich hab' nämlich vor, mindestens hundert Jahre alt zu werden, da könnt ihr alle noch lange warten!"

Sie kicherten beide ganz albern wie zwei Schulmädchen.

„Hör mal, wie alt bist du eigentlich?" fragte María und blickte sie nachdenklich an.

„Ich? Naja", sagte Dolores, „ich weiß wohl, dass ich jünger aussehe, aber wenn du mich aus der Nähe betrachtest, wirst du wohl glauben, dass ich einundvierzig Jahre alt bin, mein kleiner Rubén ist schon fast achtzehn ... der arme Kleine, wie er jedes Mal gelitten hat, wenn ich ins Gefängnis musste ... Ich wusste, dass er draußen an der Tür auf mich warten würde, die mussten ihn da förmlich wegzerren ... ach, mein armer Kleiner!"

Sie blickte traurig auf den Boden und wischte sich langsam die Tränen ab.

„Ach, weine doch nicht, liebe Dolores, nein, nicht weinen!", sagte María energisch und legte ihr den Arm fest um die Schultern, wobei sie sie hin und herwiegte. „Nicht weinen, Rubén hat dich doch so lieb und ist ganz stolz auf dich!"

Und während sie Dolores diese lieben Worte auf Galicisch sagte, liefen auch ihr die Tränen über die Wangen, denn sie dachte an die Kleinen, die Dolores begraben musste, und die Armut und die Kälte, in der sie gelebt hatten, und wie sie sich ihr Schicksal nicht aussuchen konnte und doch das Beste daraus gemacht hatte und für so viele Leute ganz ungeheuer wichtig war.

Und so fuhr sie fort, Dolores auf Galicisch zu trösten, bis sie aufhörte zu weinen.

„Komm, wir wollen Kaffee trinken und wenn du Appetit drauf hast, machen wir uns ein paar Churros warm, die schmecken doch immer, ganz egal wie spät es ist, meine Mutter machte sie so süß und knusprig, dass sie schmecken wie vom Himmel gefallen."
Das fand Dolores komisch.
„Und wenn die dann auf der Erde landen?"
„Kein Problem", antwortete María, „die werden vorher aufgefangen. Die Leute sind verrückt darauf!"
Dolores lachte immer noch, als María mit dem Kaffee und den Churros kam und alles auf den Tisch stellte und dazu sagte:
„Na, und was hast du mir von deinem Freund zu erzählen?"
„Natürlich erzähl' ich dir von ihm! Es wird dir zwar etwas komisch vorkommen, dass ich einen Freund habe, der nur ein paar Jahre älter ist als mein Sohn ... aber erzähl' das ja nicht weiter, hörst du! Er liebt mich wie verrückt und ich ihn auch, wir sind sehr glücklich ... der Rest ist mir egal, der Altersunterschied und so weiter, bloß wird es immer schwieriger ... wir müssen uns ja verstecken, sonst würden die uns ja nicht in Ruhe lassen ... wir müssen schon etwas vorsichtig sein ..."
María gab ihr einen Kuss und sagte:
„Ach, ich hör' dir so gerne zu, so eine schöne Liebesgeschichte, das klingt ja wie aus einem Roman!"
Dolores griff sich noch einen Churro und sagte:
„Wie gut dieses Spritzgebäck schmeckt! Sicher, ich komme mir auch manchmal vor wie in einem Traum ... so als wenn ich auf den Wolken schweben würde ... ich bin so glücklich mit ihm, auch wenn wir nicht die ganze Zeit zusammen sein können."
„Erzähl' mir noch mehr von ihm", bat María, „wie heißt er denn?"
„Francisco Anton."
„Ja, aber wie nennst du ihn denn?"

„Anton, einfach Anton", sagte Dolores und das Glück tanzte in ihren Augen und in ihrem Gesicht.
„Und er ... wie nennt er dich?"
„Ach bitte ... lach mich ja nicht aus! Es klingt so unpassend ... Lolita, er nennt mich Lolita, als wenn ich sein Mädchen wäre ..."
„Das bist du ja auch, er hat dich sicher ganz lieb und so sieht er dich dann auch: wie sein Mädchen."
„Genauso ist es", sagte Dolores. „Ich bin sein Mädchen, so ist es wohl wahr und kein Traum ... Manchmal bin ich mitten in einer Versammlung, meistens bin ich die Rednerin, du weißt ja, und ich rede und rede, und alle hören mir zu, und wenn ich beim letzten Satz angekommen bin, dann klatschen die Leute unendlich lange und schreien meinen Namen ... und ich ... ich bin endlich ein paar Minuten frei, um an ihn zu denken und nur an ihn und was er mir vor ein paar Stunden noch gebeichtet hat ... er nennt das so ... dabei spricht er wie ein Dichter ...von Beichten keine Spur ..."
„Was sagt er denn?", fragte Adelina. Sie zitterte beinahe.
„Er spricht seine Sätze so, als seien sie Gebete und sieht mich dabei mit glänzenden Augen an ... und berührt ganz langsam mein Gesicht ...
, ...meine weiße Feder fliegendes Hexchen komm näher sprich zu mir fass mich an meine leichte Feder durch die Lüfte heben mich deine Hände deine Küsse mein Herz spricht von Blumen sag ja sag ja ...' "
Sie sahen sich still an. Die schwarze Nacht duftete nach Rauch.
„Sollen wir noch einen Kaffee trinken?", fragte Dolores.
„Ja klar", sagte María. „Da ist noch ein Tässchen voll, das können wir uns teilen."
Sie saßen friedlich auf der Küchenbank.

„Dolores", fragte María, „glaubst du, dass es einen Krieg geben wird?"
„Die Republik hat viele Feinde, María, und wenn wir nicht alle zusammenrücken und fest zusammenhalten, wird es Krieg geben ... und danach vielleicht einen Krieg in ganz Europa ..."
„Was für einen Krieg?", fragte María und blickte sie erschrocken an. „In ganz Europa? Das wäre ja entsetzlich!"
„Ja, ein Krieg in Europa wäre grauenhaft", sagte Dolores. „Aber das wird geschehen, wenn wir uns nicht hier in Spanien alle zusammentun. Ich fühle das. María, du weißt, dass du eine gute Familie hast. Hab' keine Angst, bevor irgendetwas passiert, meine liebe Kleine. Zittere nicht schon vorher! Und wenn wirklich etwas geschieht, dann vergiss nicht, dass wir das Leben und die Freiheit unserer Kinder verteidigen müssen, denn auch wenn du keine Kinder hast, musst du an sie und ihre Zukunft denken. Der Faschismus ist eine enorme Bedrohung für Europa. Aus diesem Grund sind wir alle, die wir für die Freiheit und eine demokratische Republik sind, wie Soldaten. Es ist besser, aufrecht zu sterben als auf den Knien zu leben. Vergiss das nicht. Niemals!"
Sie stand auf und räumte die Tassen zusammen.
„Wir haben bloß ein Bett für uns beide", sagte María.
„Wie schön!", sagte Dolores. „Ich hab' so oft auf der Erde schlafen müssen! Und hier habt ihr eine so bequeme Wollmatratze! Wir werden schlafen wie die Engelchen."
„Gute Nacht", murmelte María.
„Gute Nacht, meine Kleine, und schlaf schön!", sagte die Pasionaria.

30

Davon, dass sie alle bei Großvater wohnten; und wie der Großvater mitten in der Nacht aufstand, um mit seinem Motorrad wegzufahren, denn er musste nach einem Baby gucken und feststellen, ob es ihm gut ging; und dass die Bäuerinnen ganz verknallt in ihren Großvater waren; und wie sie in der Morgenfrühe mit ihrem Großvater redete; und warum die fünf Jahre, die sie zählte, fünf Jahre ohne Krieg waren

Ihr Großvater war Arzt; er war sehr alt und hatte tolle Muskeln und schöne weiße Haare und lachte viel, obwohl er in den Ersten Weltkrieg musste und auch in den Zweiten; davon wollte er aber gar nicht reden, nur einmal hatte er ihr erzählt, dass er viele Monate lang in Norwegen als Kriegsgefangener saß, aber dass die Norweger nette Leute waren und ihm nichts getan hatten, denn sie brauchten ihn sehr nötig als Arzt und so konnte er gut mithelfen, die Leute von ihren Krankheiten zu kurieren.
„Da hatte ich ganz schön zu tun, heilige Rita Hayworth!", sagte der Großvater. „Die hatten alles mögliche, ich war Tag und Nacht auf den Beinen! Das war gar nicht so leicht, diese Elemente zu kurieren."
„Waren die Elemente denn sehr krank, Großvater?", fragte sie.
Er nahm sie auf den Arm und sagte lachend:
„Nein, sehr krank waren die nicht, die hatten bloß fast alle Läuse. Liebe Güte, waren die verlaust, als ich da hinkam!"
„Meine Mutter hatte noch nie Läuse", sagte sie.
„Da hast du recht, Lissy hatte keine Läuse, denn sie ist dafür viel zu fein ... und die Läuse hauten ab, wenn sie auf ihrer kleinen Barockflöte spielte ... sie entlockte ihr einen wahrhaft süßen Klang ..."
Sie liebte die Barockflöte, es war die kleinste von all den Flöten, die Lissy hatte und manchmal ließ sie sie ein bisschen darauf spielen.

„Die arme Barockflöte!", sagte Hagen, „jetzt ist die ja ganz klebrig von all dem Gesabber!"
„Selber klebrig und sabberig", gab sie beleidigt zurück.
Als der Großvater im Jahre 1946 aus Norwegen zurückkam, war die Familie ganz glücklich und alle weinten und lachten durcheinander vor Freude, seine Schwester Marie, seine Töchter Jutta und Lissy, endlich war der Großvater wieder da! Wie schön, er war aus dem Krieg gekommen, denn eine Zeit lang wussten sie ja gar nichts von ihm, das war ein rechter Albtraum, sagte Albert, ohne den Großvater machte es wirklich keinen Spaß. Er war ein ganz lieber und guter Doktor, und er war immer lustig und vergnügt, und selbst unter den größten Schwierigkeiten fand er noch was zu lachen:
„Wir sind alle lebendig, das ist ein richtiges Privileg. Ich kann es ja selber fast nicht glauben!"
In seiner Praxis hatte er ein Foto von einem ernsthaft guckenden Jungen mit einem feinen Gesicht und großen unschuldigen Augen.
„Wer ist denn der nette Junge?", fragte Hagen. „Der gefällt mir!"
„Das will ich gerne glauben, denn das ist mein Bruder Thilo", antwortete der Großvater, wobei er das Bild mit ernstem Gesicht betrachtete.
Er sah richtig traurig aus.
„Wie kann der denn dein Bruder sein?", fragte Hagen erstaunt. „Der ist ja noch ein Junge, und du hast weiße Haare."
„Mein Bruder ist im Ersten Weltkrieg gefallen", sagte der Großvater. „Das ist schon sehr lange her ..."
„Aber Kinder kämpfen doch nicht im Krieg!", sagte Hagen erstaunt.
„Ich weiß", sagte der Großvater, „aber manchmal müssen sie doch in den Krieg und das ist sehr ungerecht. Er war gerade achtzehn Jahre alt. So ist der Krieg ... aber lasst uns doch lieber über was anderes reden; wollt ihr im Beiwagen mitfahren?"

„Simsalabim!", rief Hagen begeistert.
Natürlich wollten sie, der Großvater hatte ein tolles großes Motorrad, eine BMW, in den Beiwagen passte ganz schön was rein, Hagen und Heidi, der Heiner nicht, der war noch zu klein, und dazu noch ein paar kleine Welpen, die fuhren auch sehr zufrieden und laut quietschend mit, genau wie sie beide; manchmal steckten die ihre dicken Köpfe raus und taten, als ob sie richtige Hunde wären und bellen könnten, und überhaupt benahmen sie sich so, als gingen sie auf eine Weltreise, sagte der Großvater, die schienen schon was von Abenteuern zu verstehen.
„Wir reden also nicht mehr über Kriege", sagte der Großvater, „das ist sowieso kein Thema für kleine Kinder."
„Das fehlte ja gerade noch!", rief der Heiner, der auch was zur Unterhaltung beitragen wollte.
„Klar wie Kloßbrühe", sagte Hagen, „ich finde, wir sollten lieber Käse kaufen gehen, der schmeckt mir so gut."
Dann fuhren sie zu sechst davon, der Großvater, Hagen, sie, die quietschende Almut, der witzige Albrecht und die neugierige Alraune, die immer ihren Kopf draußen hatte und in die Gegend blickte ... was die da wohl zu sehen kriegte?
Sie saßen glücklicher im Beiwagen als Ali Baba und die vierzig Kleptomanen, sagte der Großvater. Ja, das waren lustige und tolle Ausflüge, obendrein hatten sie so eine schöne warme Pferdedecke, die zwar etwas rau war aber gleichzeitig sehr warm und bequem, und als sie in dem Dorf ankamen, wo es den schönen Käse gab, nach dem Hagen so gierte, freuten sie sich richtig, denn davon bekamen sie nachher ganz schön was ab, der Großvater sagte nämlich, er selber hätte ja nun weiß Gott schon genug Käse in seinem Leben gegessen, sogar so einen flachen, runden, der sich Camembert nannte und in einem Land gekocht wurde, das Frankreich hieß, und der sich schon

lange nicht mehr hatte blicken lassen, aber das würden wir dann schon noch sehen, wenn der zusammen mit anderen feinen Sachen wieder auftauchen würde ...

Sie waren richtig stolz auf ihren Großvater, denn er war ein guter Doktor und überall bekannt und beliebt, die Leute freuten sich sehr, wenn sie ihn sahen und kamen blitzschnell angelaufen, um sich nachher bei ihm über ihr lahmes Bein oder ihr Rheuma zu beklagen, sagte der Großvater. Der Großvater lachte gerne und laut, das war bis ins nächste Dorf zu hören, und wenn er meinte, er spräche ganz leise, hörten das sogar die Kühe noch am anderen Ende des Dorfes, freuten sich und muhten ungeheuer, sagte Hagen, so als wären sie gemeint und sollten Antwort geben.

Die anderen Großväter sahen alle irgendwie älter aus und liefen auf keinen Fall so schnell durchs Dorf oder rannten mit den Hunden durch den Wald; sie sprangen auch nicht in den Fluss und schwammen vielen Jungen davon, na, die armen Dinger können ja nichts dafür, die haben das Schwimmen wohl in einem Kübel gelernt, sagte der Großvater, und brachte ihnen das Kraulen bei, damit sie was zum Prahlen hatten.

„Was der Doktor für Muskeln hat und wie jung der noch aussieht!", sagte Onkel Oskar, der Schreiner. „Herr, du meine Güte! Der Mann ist eine Gefahr für unsere Bäuerinnen, die gucken sich ja die Augen nach dem aus."

Sie verstand nicht recht, wieso der Großvater den Bäuerinnen gefährlich werden konnte, wenn er doch ihr Doktor war, eher war wohl das Gegenteil der Fall, denn wenn sie krank waren, dann machte er sie ja wieder gesund! Hagen bog sich vor Lachen und behauptete, die wären alle in ihn verknallt, und manche würden den Großvater dauernd anrufen und solche komischen Krankheiten erfinden wie eine traurige Leber zum Beispiel oder die ausgemistete Stallkrankheit.

„Heilige Woghilde, wo hat der Junge bloß den frivolen Wortschatz her?", sagte der Großvater. Sobald sie mit der BMW bei einem der Bauernhäuser angelangt waren, sie und Hagen mit den Hündchen im Beiwagen, und der Großvater kaum ausgestiegen war und sich auf dem Hof umguckte, nicht ohne einen missbilligenden Blick auf den Misthaufen zu werfen, der so richtig stinkebreit vor der Haustür lag, da kam schon mit fliegender Hose eine Nachbarin angelaufen:
„Na, ihr habt aber einen ganz feinen Papa!"
Was das wohl sollte, sagte Hagen, bei denen tickte es wohl nicht richtig oder vielleicht überhaupt nicht. Wie die bloß auf die Idee kamen, dass der Großvater ihr Papa sein könnte, na sowas Blödes, ihr Papa war doch der Albert und der sah ja selber noch aus wie ein Junge. Als sie nach Hause kamen, erzählte sie das jedenfalls ihrer Großtante Marie. Die war sofort auf Hochtouren.
„Na sowas! Diese dummen Weiber, was das wohl soll? Die wissen doch ganz genau, dass er dein Großvater ist! Gib denen ja keine Auskunft, ganz egal, was die fragen, Kinder fragt man nicht aus. Na so ein verrücktes Volk!"
„Ja, aber irgendwas muss ich doch sagen ... Wenn die mich doch fragen!"
„Nichts sagst du denen, kein Wort! Na so ein kokettes Volk, es ist doch nicht zu glauben!"
Als sie fast fünf Jahre alt war, sagte der Großvater, jetzt sollte sie vielleicht lieber anfangen, in die Schule zu gehen, da könnte man eventuell was lernen und hätte auch sonst viel Spaß, sein Bruder Thilo und er hätten dem Lehrer mal Honig auf den Stuhl geschmiert, ein toller Witz. Ja wieso habt ihr den Honig nicht lieber aufs Brot getan? Hab' ich's nicht gesagt, sagte der Großvater, du bist imstande und fragst mir noch ein Loch in den Bauch, und mit der Mathematik,

da hat's bei mir schon immer gehapert, und bei dir geht das wie der Pfefferwind, du siehst, ich brauche dringend Hilfe bei den Rechnungen, dann kannst du mir damit in der Praxis helfen. Da bin ich jetzt schon froh, denn ich verrechne mich sowieso bloß die ganze Zeit, sagte der Großvater.

Sie konnte schon fast lesen, das hatte sie beim Großvater gelernt, sie guckte immer in die Frankfurter Allgemeine, da standen sehr komische Sachen drin, über die man lange nachdenken musste und trotzdem zu keinem Ergebnis kam, aber bald las sie das alles sehr schön und sogar mit Betonung, ganz wunderbar. Das hätt' ich in deinem Alter nicht gekonnt, mein Kind, sagte der Großvater, was für ein begabtes und kluges Mädchen! Der Großvater frühstückte immer zweimal, denn er stand sehr früh auf und hatte schon Patienten besucht und Sprechstunden hinter sich, wenn sie sich zu ihm an den Frühstückstisch setzte und die Zeitung vorlas. Er war fast siebzig und dachte gar nicht daran, die Praxis aufzugeben. Er arbeitete viel und gerne und war immer guter Laune. Außerdem gab es immer noch nicht genug Ärzte, denn es waren ja viele im Krieg umgekommen.

In den Zeitungsartikeln, die sie ihm vorlas, standen alle möglichen Namen, zum Beispiel Adenauer und Ollenhauer, und dann noch so ein Kerl, der war ganz berühmt und hieß Eisenhower, aber der schrieb sich mit anderen Buchstaben, auch wenn alle drei hintendran gleich klangen, ob das wohl was mit hauen zu tun hatte, aber sie hatte immer so viel zu fragen und kam gar nicht zu Pott damit.

„Eisenhower ist Amerikaner, kein Deutscher", sagte der Großvater, „aber die Namen klingen alle gleich, das hat mit den Sprachen zu tun. Außerdem sind es Politiker, das ist so eine ganz besondere Rasse."

„Ach so, sind das Neger?", fragte sie.

„Neger? Um Gotteswillen, nein, wo hast du denn das gehört? Das ist nur so eine Redensart", erwiderte der Großvater zerstreut, die Nase tief in der Zeitung. „Das Gerede von den Rassen kann ich sowieso nicht mehr hören."

„Ja, aber was ist mit der arischen Rasse?", fragte Hagen.

Der Großvater hatte sich gerade das Käsemesser gegriffen und ließ es wieder fallen.

„Heilige Marlene Dietrich!", sagte er mit dröhnender Stimme.

„Dafür kann ich nichts, ich hab' nun mal so ein Stimmorgan", sagte er.

„Wo hast du denn das gehört?"

„Ja, der Rudolf hat mir erzählt, früher waren wir die arische Rasse, aber jetzt ist diese Rasse verboten", erklärte ihm Hagen.

„Ich hab' mich auch gewundert, Großvater", fügte er hinzu.

„Der Rudolf ist ein rotunder Schwachkopf", sagte der Großvater, „den muss ich mir wohl mal vorknöpfen und mit ihm von der menschlichen Rasse reden, da gibt es natürlich welche, die größere Füße haben als ihre Nachbarn und auch solche mit Sägemehl im Gehirn."

„Dann gehört der Rudolf zu der Sägemehlrasse, ich meine, die mit dem Gehirn?", fragte Hagen begierig.

„Das mag schon sein", sagte der Großvater und lachte laut und lange, „aber bitte, teil es ihm nicht mit. Ich wird' mir diesen konspirativen Burschen mal vornehmen, in einer stillen Stunde."

„Willst du den verprügeln, Großvater?", fragte sie.

„Ja, so ein blöder Hund", sagte der Großvater, „aber verprügeln will ich den nun eigentlich nicht, da lernt er nichts draus, und darum geht es ja wohl ..."

„Du brauchst ihm ja bloß eine runterzuschallern", sagte Hagen, „in einer stillen Stunde."

Großvaters Lachen konnte man meistens bis ins nächste Dorf hören, außerdem war es ansteckend, da lachten sogar die Hühner mit, sagte Hagen.
Der lacht sich krank, sagte der Großvater, so ein blöder Satz, das müsste doch heißen, der lacht sich gesund.
Sie las und las in der Frankfurter Allgemeinen bis sie vor Gähnen fast zwischen den Seiten lag, die Zeitung war ja auch so groß wie eine Bettdecke. Man konnte auch fast nichts verstehen und so sagte sie zum Großvater:
„Ich kann kaum was verstehen von dem hier, ist das nicht alles reiner Blödsinn?"
Der Großvater lachte wieder und ganz laut und sagte:
„Das Meiste ist sicher reiner Blödsinn, aber lies nur weiter, du wirst schon sehen, es lohnt sich bestimmt."
Am Abend nahm er ein Buch aus dem Regal, es waren fast alles Bücher von seinen Eltern in Halle, deren Haus das einzige war, das weder weggekommen noch zerbombt worden war.
Das Buch hieß Heidis Lehr- und Wanderjahre.
„Bin ich das?", fragte sie.
„Guck dir mal die Bilder an", sagte der Großvater.
Sie betrachtete die Bilder von Heidi und ihrem Großvater in den Alpen, da standen auch Ziegen herum, aber keine einzige Kuh.
Die Heidi in dem Buch hatte lockige schwarze Haare und trug ein schönes langes Kleid mit einer Schürze drüber, der Großvater hatte einen langen weißen Bart und trug irgendwie komische Kleider aus altmodischen Zeiten.
„Na, wir beide sind das jedenfalls nicht, oder?", fragte sie der Großvater.

„Ich seh' schon", sagte sie, „aber es ist ein Mädchen mit ihrem Großvater, deshalb gefällt mir das Buch. Ich will immer bei dir sein, wie die Heidi in den Alpen."
„Das darfst du gerne", sagte der Großvater.
„Immer immer?", fragt sie und setzte sich ganz nah an ihn. Ihr Großvater roch immer so gut, so nach Kölnisch Wasser und Doktor.
„Na klar", sagte der Großvater, „ich werde ja bestimmt hundert Jahre alt ... nach so viel Krieg haben wir uns das wohl verdient, oder?"
Ihr Großvater hielt tatsächlich sein Wort, er wurde ganz alt und gab seine Praxis erst auf, als er fast neunzig war, und danach quängelten noch seine steinalten Patienten, sie wollten keinen anderen Doktor. Seiner Kusine Frieda, die Internistin war, ging es genauso, die ging dann zwar mit ungefähr neunzig ins Altersheim, aber bloß, um da als Ärztin zu fungieren.
„Ach die lieben Altchen", sagte Tante Frieda lächelnd, dabei war sie ja die Älteste in dem Heim und wurde auch noch steinalt. Tante Frieda war von zu Hause ausgekratzt, sagte der Großvater, die wollten sie nicht studieren lassen, na Pustekuchen, da hatten sie wohl nicht mit Frieda gerechnet, die ließ sich sowas nicht gefallen, schlups war sie weg, da konnten die noch so sehr hinterherrufen und heulen, Frieda kam nicht wieder, allerdings musste sie sich das Geld für ihr Studium erst selber verdienen, aber schließlich wurde sie eine ganz tolle Internistin.
„Willst du mit?", fragte der Großvater.
Natürlich wollte sie das, sie fuhr schrecklich gerne mit dem Großvater auf Patientenbesuche, immer ganz gemütlich im Beiwagen mit einem Hündchen dabei. Die Patienten waren sehr wichtig, denn die musste man ja betreuen und obendrein kurieren, sagte der Großvater, obwohl die manchmal gar nicht tun wollten, was für sie am besten war. Jedenfalls wurde denen sofort besser, wenn der Großvater or-

dentlich laut lachte. Er ging einfach rein ins Krankenzimmer und dann gings los:
„Nun hör mal Karl, seit wann bist du denn krank? Was soll denn das? Du bist krachalt, das ist alles. Was liegst du da im Bett rum und stierst so blöde in die Gegend? Du hast nix, mein Junge, nix als Zipperlein, du bist ja schließlich fünfundachtzig. Steh auf, Mann, geh aufs Feld und tu deine Arbeit, wer sonst soll das denn machen? Die sind doch alle tot. Wir brauchen dich, das weißt du doch!"
„Ach, Herr Doktor", jammerte der Alte, „ich hab' Angst aufzustehen."
„Na so ein Blödsinn! Verdammter Kochkäse! Im Krieg hat man Angst, aber jetzt doch nicht, was soll denn das, du alter Knochen, woher sollen denn die Kartoffeln kommen, wenn du dich nicht an die Arbeit machst, willst du mir das vielleicht mal erklären? Guck dich doch mal an, mein Lieber, du bist doch noch ein richtiges Frühlingshähnchen! Und wenn ich dich aus dem Bett treten muss, mein Lieber, mir kommst du nicht aus!"
„Es ist ein richtiges Privileg, lebendig zu sein, Onkel Karl", sagte sie.
„Woher weißt du denn das?", fragte der Alte und grinste.
„Na, das hat der Großvater gesagt, und der hat immer recht, und wenn er sagt, du bist nicht alt, dann bist du eben nicht alt, und Punktum und Schluss und der Rest ist bloß Schreibstubengeschwafel."
Der Großvater lachte so laut, dass der Hahn vom Dach fiel und anfing zu flattern wie ein Frühlingshuhn und vollständig die Orientierung verlor, er wusste jetzt gar nicht mehr, wohin überhaupt zu flattern war.
Der alte Karl lachte so lange, bis ihm wieder wohl war, dann stand er auf und ging aufs Feld und kümmerte sich um die Kartoffeln.

„Ganz logisch und chronologisch", sagte Albert. „Der Großvater ist älter als die alle zusammen und arbeitet wie ein Pferd, da können die sich noch einen Bleistift dran nehmen."
Das mit dem Bleistift sagte der Großvater immer.
„Der Großvater ist so schön alt", sagte sie.
Bei Patientenbesuchen schnüffelte er immer so, wie die Hunde tun, wenn was nicht stimmt, seine Nase war ständig in Bewegung wie bei den Hündchen, die im Beiwagen in den Wind schnufften, als wenn sie was ausspionieren wollten.
Dann sagte er:
„Heilige Hilda von Hollywood! Die haben hier die Masern ... verdammt noch mal, das fehlte uns gerade noch! Verflixte Masern."
Und er hatte immer recht, ganz egal, was die hatten, Masern, die thailändische Grippe oder Kinderlähmung. Und als er das erste Kind mit Kinderlähmung erschnüffelt hatte, da ging er zum Schulrat und ließ die Dorfschulen für zwei Monate schließen, und so gab es nicht mehr als vier Fälle und alle vier Kinder machte der Großvater gesund.
Und er hatte immer Zeit für seine Patienten, immer. Oft wachte sie mitten in der Nacht auf, das Telefon klingelte, und schon war der Großvater dran. Kurz darauf hörte sie ihn leise die Treppe herunterkommen. Er hatte oben so ein ganz gemütliches Schlafzimmer mit der Kommode und dem Bett von seinem Vater, da roch es so schön nach Frühlingsluft und Kirschsaft.
Sie machte ihre Zimmertür auf, Hagen und Heiner schliefen fest. Alle schliefen, ihre Großtante Marie, Albert ... Albert wachte ja nicht mal unter Bombenhagel auf, sagte ihre Tante Jutta. Lissy war sicher wach, aber sie stand nicht auf, sie war ja von klein auf daran gewöhnt; als Kind war sie auch aufgestanden, um mit ihrem Vater mitten in der Nacht zu reden.

„Großvater, wo gehst du hin?"
„Zur Traudel, der Säugling hat nichts, aber sie hat Angst."
„Aber wenn doch dem Säugling nichts fehlt", sagte sie, „dann kannst du doch hierbleiben oder?"
„Das kann ich eben nicht", sagte der Großvater, „Mütter haben oft Angst um ihre Kinder, und wenn ich dann hingeh' und mir die Kinder begucke und sage, dass gar nichts mit denen ist, dann sind sie beruhigt und können wenigstens etwas schlafen. Mütter haben schon genug am Hals. Sie verdienen meinen Respekt und meine ganze Aufmerksamkeit. Sie haben die Kinder gekriegt, und sie brauchen weiß Gott Hilfe und Trost. Ich fahr' da gern mitten in der Nacht hin, ich weiß, dass es dem Säugling gut geht, aber die Traudel braucht mich jetzt. Du schlaf nur schön, oder willst du ein bisschen lesen?"
Das war ihr Großvater, er verfuhr nicht nach vorgefassten Regeln, denn er machte sich die Regeln selber, und die waren für die menschlichen Wesen gedacht, und darum fühlte man sich so wohl bei ihm.
Es war so angenehm, in der Stille der Nacht mit dem Großvater zu reden, während alle anderen schliefen, er lächelte sie so rührend und lieb an, sie dachte, dass er das Lächeln genau für sie gemacht hatte. Ein so stilles unendlich weises Lächeln.
„Gibst du mir das Buch von Heidi?"
„Soll ich dir den zweiten Band geben?", fragte der Großvater.
Er hatte seinen grünen Hut auf und seine grüne Lodenjacke, die ihm so gut stand.
„Ich wusste gar nicht, dass es noch einen zweiten Band von Heidi gibt", sagte sie. Sie freute sich riesig, denn damit hatte sie gar nicht gerechnet.

„Du hast den ersten doch schon aus?", fragte der Großvater. „Morgen früh um acht Uhr wirst du sechs Jahre! Das hast du doch nicht vergessen, oder?"
Doch, das hatte sie, aber sie wollte es ihm nicht sagen.
Er ging ins Wohnzimmer und kam mit dem zweiten Band von Heidi zurück.
Da stand drauf: Heidi kann brauchen, was es gelernt hat.
„Das ist fast noch schöner als der erste Band", sagte er. „Da muss die Heidi nach Frankfurt."
„Da, wo der Onkel Thilo wohnt?"
„Genau da", sagte der Großvater.
„Lissy hat gesagt, wir können da bald mal hinfahren, weil der Onkel Thilo zu den Indianern fahren muss."
Da musste der Großvater aber lachen.
„Ja, weißt du, wo der Onkel Thilo hinfährt, da wohnen keine Indianer ... die wohnen in Amerika ... Der Onkel Thilo geht nach Indien als Korrespondent der Frankfurter Allgemeinen."
Das war die Zeitung, in der so Dinge standen, die man oft gar nicht begreifen konnte.
„Ach so", sagte sie. „Frankfurt ist sicher sehr groß und schön, oder?"
„Na, groß ist es wohl, aber schön ... na früher mal, jetzt ist da immer noch sehr viel kaputt ...", sagte der Großvater.
„Wegen der Bomben?", fragte sie.
„Genau, wegen der Bomben. Vor dem Krieg war es eine schöne Stadt ... aber du weißt ja, da musste alles erst wieder aufgebaut werden und damit sind sie noch nicht fertig. Aber weißt du was? Da gibt es so schöne Kastanienalleen."
„Ich weiß nicht, was das ist", sagte sie und gähnte.

„Das sind keine Esskastanien, die gibt es auch, aber es sind sehr nette Kastanien, die sind so braun und glänzend, damit kann man schön spielen."
Sie öffnete die Augen, als ihr der Großvater das Buch vom Gesicht nahm.
„Geht's dem Säugling gut?", fragte sie und gab ihm einen Kuss auf die liebe Hand, die ihr übers Gesicht strich. Großvaters Hände waren so hart, aber das merkte man gar nicht.
„Das kleine Ding von der Traudel ist niedlich", sagte der Großvater, „und sie war ganz beruhigt, als ich ihr gesagt habe, dass es gesund ist, du weißt ja, wie Mütter sind, die sind so verantwortungsvoll und wollen alles so schön wie möglich machen."
„Das weiß ich wohl, du hast es mir schon erklärt", sagte sie.
Der Großvater gab ihr einen Kuss und sagte:
„Sechs Jahre ohne Krieg."
„Ich bin noch gar nicht sechs, es ist ja noch nachts, mein Geburtstag fängt erst um acht Uhr an."
„So genau müssen wir das ja nicht nehmen", sagte der Großvater. „Und weil du die einzige unter meinen Enkeln bist, die 1945 geboren wurde, und gerade da der Krieg zu Ende ging, zähle ich immer die Jahre, die seitdem vergangen sind. Das ist das Wichtigste. Weißt du, in welchem Jahr wir jetzt sind?"
„Na klar", sagte sie. Die Augen fielen ihr zu. „1951. Und wenn ich zum Beispiel mal zwölf bin, sind es dann auch zwölf Jahre ohne Krieg?"
„Das wollen wir doch schwer hoffen", sagte der Großvater und gab ihr einen Kuss.
„Und geht das dann immer so weiter ohne Krieg, bis ich ganz groß bin?", fragte sie.
„Natürlich", sagte der Großvater.

Er hatte so eine tiefe starke Stimme. So eine schöne Stimme, die in der Nacht zu ihr sprach.
„Der verdammte Krieg", sagte sie, „nicht wahr, Großvater?"
„Du hast's erfasst", sagte er und lachte leise.
„Ja und wo ist der Krieg jetzt?"
„Der ist in der Ostsee ersoffen", sagte der Großvater, „und mach dir keine Sorgen, der kommt nicht wieder."

31
Wie der kleine Heiner Bromberg seine Mutter verlor, als er nur fünf Monate alt war, und aus welchem Grund er das einzige der Bromberger Kinder war, das rund und gesund war; und warum die polnischen Kinder Angst vor den Deutschen hatten; und wie im Jahre 1952 alles neu und schön war in der Espelkamper Schule, sogar die blaugelben Gymnastikanzüge aus Schweden; und als Tante Matischek für alle Kinder im Übergangslager Puppen anfertigte; und davon, dass Heiner Bromberg im Jahre 1953 sieben Jahre, neun Monate, vier Tage und fünf Stunden alt war

Sie sah immer noch Heiner Bromberg vor sich, den kleinen Jungen mit den schwarzen Locken und den großen blauen Augen, der eines Morgens in ihre Klasse kam, Tränen in den Augen und zitternd vor Angst; der kleine Heiner hatte Angst, denn er kannte noch niemanden in der Schule und alles war neu und fremd.
Er hatte die meiste Zeit seines kleinen Lebens in den dunklen und kalten Wäldern gelebt, in Westpreußen und Pommern, die kleine Kindertruppe irrte nach der Invasion und Bombardierung herum und

tat sich mit anderen Kindern zusammen, sie wussten gar nicht recht, wo sie sich eigentlich befanden in dem schrecklich kalten Nachkriegsjahr 1946. Die Kinder hatten nur Eins im Kopf: etwas zu Essen ausfindig zu machen und ein warmes Quartier, und weil sie Angst vor den russischen Soldaten hatten, liefen sie immer tiefer in den Wald hinein, und wenn nur irgendwo ein russisches Wort zu hören war, dann schlichen sie sich so schnell so weit weg wie nur irgend möglich, denn ganz egal wie klein oder groß sie waren, alle hatten miterlebt, wie die russischen Soldaten ihre Familien umbrachten, oft hatten sie zitternd in einer Ecke gesessen und gesehen, wie Frauen und Kinder vergewaltigt wurden. Heiner hatte so etwas nicht mitbekommen, er war ein ein paar Monate altes Baby, als die anderen Kinder ihn im Wald gefunden hatten, und Heiner wusste gar nicht, was für eine Familie er hatte, und ob sie überhaupt noch lebten und an ihn dachten ...

„Ich weiß gar nicht, was ich für eine Familie habe, ich kann mich an nichts erinnern", erzählte er ihr, als er schon Vertrauen zu ihr gefasst hatte und es wagte, an ihrer Hand mit in den Schulhof zu gehen. Sie teilten sich ihr Pausenbrot, sie hatte ein paar Haferflockenplätzchen mit, die ihre Mutter gebacken hatte, und einen runzligen Apfel, der Boskopp hieß und wunderbar schmeckte, und Heiner ein großes Brot mit Blaubeermarmelade. Die Blaubeeren wuchsen im Wald gleich hinter der Schule, es gab auch Himbeeren und Brombeeren und aus allen dreien konnte man sehr schöne Marmelade kochen. In der Pause bekamen sie auch Milch zu trinken und manchmal sogar Kakao. In der Mitte des Schulhofs stand ein schöner Brunnen, daraus durfte man trinken, Heiner spritzte sich immer nass und dann wurde er wütend, denn es war ihm kalt und sie musste so lachen, bis auch er anfing, sich vor Lachen auf dem Schulhof zu kullern.

„Ich kann mich nicht an meine Mutter erinnern, ich weiß auch gar nicht, ob ich Geschwister hatte, ich weiß gar nichts", sagte er.
„Deine Mutter kommt ganz bestimmt eines Tages und holt dich", sagte sie.
Heiner guckte ganz ungläubig.
„Glaubst du das wirklich?", fragte er. „Ich hätte so gerne eine Mutter wie die anderen Kinder! Aber vielleicht hab' ich gar keine Familie und die sind alle tot!"
„Natürlich wird deine Mutter dich finden, und sicher hast du auch Geschwister, alle Kinder haben Geschwister und auch einen Vater! Ganz bestimmt sogar, und inzwischen kann ich deine Schwester sein und der Hagen dein großer Bruder, und mein kleiner Bruder kann auch dein kleiner Bruder sein, und punktum und Schluss mit dem Schreibstubengeschwafel!"
Da musste der Heiner furchtbar lachen, und ganz fröhlich machte er einen Purzelbaum nach dem anderen, auf der Wiese unter den Klassenfenstern.
Sie war sechs Jahre alt und Hagen sieben.
Ihr kleiner vierjähriger Bruder, der verwöhnt und verpäppelt war, dass er sich so benahm, als wäre er ein berühmter Schauspieler, wollte allerdings in dieser falschen Familie nicht mitspielen, er wollte keinen komischen Bruder aus dem Wald, und noch dazu mit seinem Namen! Der kleine Heiner mit den großen blauen Augen und den langen blonden Locken, der aussah wie ein Engel, hatte überhaupt keine Lust, mit noch mehr Geschwistern alles zu teilen.
Sie hatte Zeit genug für zwei kleine Brüder, das war kein Problem.
Sie sah deutlich, dass der kleine Heiner Bromberg auf sie angewiesen war, denn er hatte Angst vor allem Möglichen: Angst, in einem Haus allein zu bleiben, Angst, nicht weglaufen zu können, wenn von weitem die Wölfe heulten, Angst vor grellem Licht, denn das war

das Bombenlicht; da war der dunkle Wald doch weitaus angenehmer. Heiner umarmte die Bäume und drückte sich fest an sie, er erzählte ihr, dass sie ihn verstehen könnten und manchmal flüsterten: „Weine nicht, Heiner, wir lassen es nicht zu, dass dir jemand was tut, hab' keine Angst."
Denn eigentlich steckte die Angst immer in ihm, viel oder wenig, das kam darauf an, aber vor allen Dingen hatte er Angst vor Leuten, vor Männern zum Beispiel, die kamen ihm noch schlimmer vor als Wölfe, und wenn sie eine Uniform trugen wie zum Beispiel der Briefträger oder ein Feuerwehrmann, dann fing er an zu zittern wie Espenlaub und versteckte sich ganz schnell. Er schien allerdings keine große Angst vor dem Doktor oder überhaupt Leuten zu haben, die weiße Kittel trugen, jedenfalls lief er nicht weg wie eine gebrannte Katze. Und vor Frauen und Mädchen schien er überhaupt keine Angst zu haben.
„Die haben alle so schöne Stimmen, und manchmal singen sie sogar, und die meisten können viele Lieder, dabei kann man dann so richtig schön einschlafen", erzählte er ihr.
Sie wusste, dass sie sehr wichtig für Heiner Bromberg war, aber sie brauchte ihn auch; er war ein ganz besonderes Kind, unwahrscheinlich schnell und geschickt, er pfiff wie die Vögel und manchmal antworteten sie ihm und er stand ganz still und lächelte nach oben, im Wald benahm er sich fast wie ein Wiesel oder wie ein kleiner eiliger Fuchs; er ging ganz leise durch das Gebüsch mit einem glänzenden Blick in den Augen, er war ein sehr guter Beobachter und erzählte ihr viel vom Leben der Eichhörnchen, und wie sie in der Borke ihre kleinen Früchte versteckten, damit sie im Winter was zu fressen hätten, er zeigte ihr, wo sie ihre Bucheckern versteckt hatten, allerdings gab es die nicht jedes Jahr, erzählte er, aber man konnte aus ihnen Öl pressen, sie hatten mal so eine Presse in einem Keller

gefunden. Er selbst war nicht dabei gewesen, aber die Kinder hatten es ihm erzählt, und auf das Haus war eine Bombe gefallen, und da rauchte es noch, als sie reinkamen, und die Kinder sagten, dass alle tot waren, und eine Mutter hatte noch so ein kleines ganz zu Eis gefrorenes Baby im Arm, wie eine Puppe hatte es ausgesehen, und die Kinder erzählten ihm, dass sie alle Angst bekamen, und anfingen zu weinen, als sie die toten Kinder sahen, es war aber gar kein Blut zu sehen, die waren sicher vor Schreck gestorben, aber eines der Kinder erzählte ihm, wie er da plötzlich eine Flasche Öl fand, und das war ein großes Glück, und er lief schnell und gab Felicitas die Flasche, die war schon ein großes Mädchen und hatte ihnen gesagt, sie sollten immer zusehen, dass sie was zu essen oder zu trinken fänden, und wenn da keine Leute mehr waren oder die tot da lagen, dann war das nicht gestohlen, denn die konnten ja gar nichts mehr essen.
Heiner erzählte ihr, wie er mal eine Stofftüte mit getrockneten Pilzen gefunden hatte, die waren so nett gelb und sahen aus wie kleine Tütchen, sie hießen wohl Pfifferlinge, und wie sie die gebraten hatten, ja, die schmeckten gut!!
„Oh, das sind meine Lieblingspilze!", rief sie, „die gibt es hier auch, und ganz viele davon, wir gehen mal mit einem Korb in den Wald und holen uns welche!"
Der kleine Heiner fragte auch schüchtern nach solchen Bäumen mit kleinen braunen Nüssen dran, die standen meist an einem Fluss, das waren wohl die Haselnüsse, und sieh mal an, eines Morgens sagte ihre Lehrerin, Fräulein Baumann, dass sie heute Vormittag gleich an einen kleinen Fluss gehen würden, da gäbe es viele Haselnüsse, und die könnte man jetzt ernten, und der Heiner fing an zu tanzen vor Freude, als sie aus ihrer großen Tasche einen wunderschönen Nussknacker zog, da hatte er schon mehrere Haselnüsse ganz flink wie ein Eichhörnchen mit den Zähnen geknackt, dabei machte er überhaupt

kein Geräusch. Die anderen Kinder waren ganz fasziniert von Heiners wilden Künsten, der kletterte die riesengroßen Kiefern hoch wie ein kleiner Affe, schwang sich hier- und dorthin und kam dann ganz schnell wieder runtergeklettert, so flink wie ein Salamander, sagte Hagen.

Wenn sie ihn fragte, von wem er die Namen der Bäume, Büsche, Blumen und Früchte wusste, dann war der kleine Heiner ganz still und senkte den Kopf und bedeckte sein Gesicht mit beiden Händen. Nach einer Weile sagte er dann mit einer Stimme so dünn wie ein Spinnfädchen:

„Felicitas, von Felicitas, sie hatte so ein schönes Gesicht, so wie ein Ei, weißt du?"

„Also ein ovales Gesicht?", fragte sie.

„Nein, oval war es nicht, es war wie ein Ei so schön."

„Ja, aber oval bedeutet das Gleiche, wie ein Ei."

„Ach nein", rief der kleine Heiner ungeduldig. „Das glaubst du nur, aber es ist nicht das Gleiche. Ihr Gesicht war wie ein Ei so schön!"

Sie wollte ihn nicht weiter ausfragen, denn sie wusste, dass Felicitas das älteste Kind der kleinen herumirrenden hungernden und frierenden kleinen Truppe war, und dass sie auf den Kleinen aufgepasst hatte, so gut sie es konnte, denn sie hatten ihn ganz still und kalt als kleines Baby in einem Kinderwagen gefunden, und zwei Jahre, nachdem das Rote Kreuz die abgemagerte, traurige kleine Truppe gefunden hatte, hatte Felicitas ihre Eltern wiedergefunden, und sie war glücklich mit ihrer Familie aus dem Übergangslager weggefahren. Im Übergangslager ging es ihnen sehr gut, da durften sie endlich die ganze Nacht schlafen, sie mussten nicht frieren und bekamen genug zu essen, es waren auch keine Russen oder Wölfe in der Nähe. Heiner hatte keine Angst vor den Wölfen, denn die starrten dich nur von den Felsen aus an, aber sie verschwanden sofort, wenn du or-

dentlich laut pfeifen konntest, und das konnte der Heiner, und die flitzten weg wie hungrige Ratten, aber die Russen, sagte der Heiner, die bekamen es nicht mit der Angst, wenn du gepfiffen hast, die haben alle Leute ganz grässlich totgeschlagen.
„Aber du warst doch nicht dabei, oder?", fragte sie.
Sie zitterte am ganzen Leib, wenn der Heiner davon erzählte.
„Nein, ich nicht", sagte der Heiner gleichmütig, „aber die anderen Kinder haben's mir erzählt ..."
Felicitas bat ihre Eltern, den Heiner doch mitzunehmen, sie konnten sich nicht trennen und weinten beide ganz schrecklich, aber es ging ja nicht, denn erstens hatten sie selber sechs Kinder und zweitens kam der Heiner mit einer vollständigen Beschreibung jeden Tag im Suchfunk, und er sollte doch lieber mit all den anderen Kindern der Truppe in das Kinderheim Haus Sonnenschein, bis seine Eltern ihn gefunden hatten, und die im Kinderheim wären ganz lieb, und sie könnten auch in die Schule gehen und ins Schwimmbad.
Nach Felicitas Abreise weinte Heiner manchmal nachts im Bett, aber Tante Bröker, die ganz lieb und zärtlich zu ihm war, und die ihren Mann, den Pastor, und ihren Sohn Heinz im Krieg verloren hatte, hatte sich ausgedacht, dass die Kinder sicher viel besser einschlafen würden, wenn sie ihnen von einer netten Gans und einem Kind, das Nils Holgersson hieß, erzählte, und für Heiner bedeutete das ein großes Glück, denn Tante Bröker kam sofort nach dem Abendbrot und setzte sich an Heiners Bett und fing an zu erzählen, das waren so richtig schöne Abenteuer und hatten mit dem Krieg gar nichts zu tun, und außerdem waren das ganz liebe Leute aus Schweden, sagte Tante Bröker, die hatten mit dem Krieg nichts im Sinn und waren seit vielen Jahren die friedlichsten Leutchen, die man sich denken konnte und halfen den Flüchtlingen, wo sie nur konnten, die ließen einen nie sitzen und brachten immer was Schönes zum Essen mit und sogar

zum Anziehen, richtig schön bunt, gelb und blau, da musste man vor Freude lachen, wenn man die Anziehsachen sah.
Tante Bröker war natürlich gar nicht seine richtige Tante, aber man durfte alle alten Leute im Lager Tante und Onkel nennen, und Omas und Opas gab es auch, und auch wenn man jeden Tag im Suchdienst kam und seine Eltern noch nicht gefunden hatte, war es doch sehr angenehm, so liebe alte Leute bei sich zu haben, die mit den Kindern spielten und unentwegt Geschichten erzählten. Die liebe Oma Matischek hatte angefangen, alle möglichen Stofffetzen und Wollfäden und Holzstückchen zusammenzukratzen und eines Tages fing sie an, daraus Puppen zu machen mit richtigen Holzköpfchen und draufgemalten Gesichtern, aus der Wolle machte sie ihnen Bubiköpfchen und sogar richtige Zöpfe, und nach und nach bekam jedes Kind seine eigene Puppe, die freuten sich wie die Spatzen! Die Kinder erzählten, dass Oma Matischek uralt war, fast hundert Jahre, doch so sah sie gar nicht aus, denn sie hüpfte ganz leichtfüßig durch das Lager und hatte immer ein Lied auf den Lippen, wo hatte sie nur all die vielen Lieder gelernt?
„Jetzt ist der verdammte Krieg zu Ende, Gott sei Dank", sagte sie, „jetzt kann unsereiner endlich wieder in Frieden leben und arbeiten!"
Heiner hatte seine Puppe unter der Matratze versteckt, die Puppe hatte blaugestickte Augen und sehr nette gelbe Haare aus Stroh und hieß Wölfchen.
Das Lager hieß Friedland und war nicht etwa so ein schreckliches Lager, in dem man festgeklebt saß wie ein Gefangener, sondern bloß ein Übergangslager, in dem man so lange blieb, bis man eine richtige Wohnung bekam.
Nach einiger Zeit wurden sie alle verlegt, aber die alten Leute kamen mit, denn sie mussten ja auf die Kinder aufpassen, solange die noch nicht ihre Familien gefunden hatten. Sie wurden auch von den alten

Leuten unterrichtet, zum Beispiel war da der Opa August, der war wie ein richtiger Großvater für alle Kinder, er war ein ganz lieber alter Mann, der ihnen kleine Pferde aus Holz schnitzte und Pferdewägen dazu, da hatten sie alle was zu lachen, denn damit konnte man stundenlang spielen. Opa August hatte ihnen auch so eine nette Bude aus Brettern und Zweigen gebaut, da konnte man sich gut verstecken, sagte er, wenn die mit ihren verdammten Bomben ankamen und sie von oben einfach runterkrachen ließen.

„Aber der verfluchte Krieg ist doch schon lange zu Ende, am achten Mai war doch Schluss, oder nicht?", fragten die Kinder.

„Ich weiß, ich weiß, aber ich trau' dem Frieden nicht, vorsichtshalber hab' ich euch den Unterschlupf gebaut, denn zum Schluss ist hier die halbe Welt erschienen und schmiss die Bomben auf uns drauf, na ich weiß nicht, ich bin jedenfalls davon halb taub geworden", antwortete Opa August friedlich.

Opa August war ein alter Schreiner aus Ostpreußen. Er redete nie von den Russen oder von seiner Familie, er arbeitete unentwegt: er hackte stundenlang Holz, heizte alle Öfen und machte alles heil, was kaputt war, und davon gab es mehr als genug: die Wasserleitungen, die Fenster und Türen, die Dächer und die Kochherde, die so krachalt waren, dass sie pfiffen und quietschten wie die zerbombten Eisenbahnzüge; Tante Matischek erzählte, die wären aus dem zweiunddreißigjährigen Krieg, stell dir das mal vor, ein Krieg, der zweiunddreißig Jahre lang gedauert hatte!

„Na, mir hat's schon gereicht mit dem Scheißkrieg, und der hat bloß sechs Jahre gedauert, wie entsetzlich!", sagte Onkel Fritz.

Onkel Fritz war auch so ein lieber alter Mann, er stammte aus Berlin, war 93 Jahre alt und kochte wie ein Wunderwesen, obwohl er eigentlich Fußballer und Trainer gewesen war. Er meinte, der Zweite Weltkrieg hieße so, weil die alle mindestens zweimal angeflogen kamen mit ihren Bombern, um die tonnenweise auf unsere Köpfe zu schmeißen, die kriegten nie genug davon, na immer noch einen druff, sagte er. Und wenn du dann schließlich aus dem Bunker gekrochen kamst und alles dampfte, brannte und rauchte und die Toten überall herumlagen und du dir jetzt dachtest, du könntest dich mal in eine stille Ecke setzen, bums, da kamen die schon wieder angeschissen und ließen alles mögliche von oben auf unschuldige junge Nasen fallen.

„Ich bin ja so alt wie ein toter Wikinger", sagte er immer, aber die Kinder mussten darüber lachen, denn von alt keine Spur, der sprang und hüpfte zwischen Eimern, Kübeln und Kochpötten in der Küche umher wie ein leichtsinniger Floh und erfand sich die schönsten Leckereien, wie zum Beispiel so einen dunklen Grießbrei aus dem sogenannten armen Weizen, und obwohl der Weizen so arm war und nur wenig Sirup da war für alle, schmeckte das doch himmlisch und alle freuten sich über das Essen von Opa Fritz.

Er schickte auch die ganze Kindertruppe, um Wasser aus dem Brunnen zu holen, sie liefen alle zusammen ganz lustig und zufrieden und spielten auf dem Weg dahin, die Sonne schien und es gab schon kleine Kätzchen, die flitzten auf den Wegen hin und her und saßen lächelnd auf den Bäumen, da konnte man ja wahrhaftig den verfluchten Krieg beinahe ganz vergessen, sagte Opa Fritz, an euch haben die wohl auch gar nicht gedacht, als sie damit anfingen.

Er machte ihnen auch ein paar sehr schöne Bälle aus ein paar Stücken Leder, die er weiß der Himmel wo aufgetrieben hatte, drinnen war Gummi, und kaum hatte er die Bälle fertig, da ging's los, er spielte den ganzen Nachmittag mit ihnen Fußball, statt sich mal hinzulegen und auszuruhen. Er flitzte vor ihnen her wie ein Eichhörnchen.

„Na, nu' mal los!", rief er, „kommt, meine Lieben! Jetzt werdet ihr mal richtig Fußball spielen, ich bin jetzt euer Trainer, sowas habt ihr im Leben noch nicht gesehen! Lauft, lauft, meine Kleinen, so schnell wie der Hase in Todesgefahr! Komm, meine Kleine, mach deinem Namen Ehre!" rief er der kleinen Barbara hinterher, die erst sechs Jahre war, aber schon richtig Tore schießen konnte.
„Schießen, Barbara, schießen, nicht murmeln!"
Und sie lachten sich schief, während sie dem Ball hinterherrasten, den Onkel Fritz mit seinen 93 Jahren für sie genäht hatte.
„Der Krieg ist eine einzige große Scheiße und ein Unglück für die Menschheit!", brüllte er mit seiner Donnerstimme laut in die Gegend. „Kaum ist einer zu Ende, da planen sie schon den nächsten Krieg! Als wenn die verdammten Nazis und Faschisten nicht schon genug von ihren eigenen Landsleuten umgebracht hätten, welche Schande! Entsetzlich viele Leute haben die vergast, die verdammten Nazis und Mörder!"
„Wen haben die verdammten Nazis und Mörder umgebracht?", fragten die Kinder.
„Die Juden zum Beispiel", antwortete Onkel Fritz, „na und die Kommunisten und weiß Gott was sonst noch für arme Kreaturen."
„Was sind das für Leute, die Juden und die Kommunisten und die armen Kreaturen?", fragten die Kinder.
„Na, das waren alles Deutsche, genauso wie die Nazis", antwortete Onkel Fritz.
„Die haben sich also gegenseitig umgebracht oder was?"
„Die haben dann wohl alle gemordet, oder nicht?", fragte ein kleines Mädchen.
„Naja", sagte Onkel Fritz zerstreut, „alle auch nicht ... aber lassen wir das lieber, was rede ich denn da für einen Kokolores? Der Krieg und der Tod ... na, das ist nix für Kinder, wie bin ich bloß darauf

gekommen, ich alter Dummkopf? Los, schieß mal den Ball rüber, Heiner, und träum nicht in der Gegend rum!"
Schließlich gelangte die ganze Kindertruppe nach Espelkamp, ein funkelnagelneues Flüchtlingsdorf, das mitten im Wald lag.
Die Kinder hatten Glück, denn Tante Bröker, Onkel Fritz und Opa August blieben die ganze Zeit bei ihnen. Die Kinder kamen in ein schönes neues Haus. Es verdiente seinen Namen: Haus Sonnenschein, denn es war hell und schön und rundherum standen Bäume und Blumen. Alles war neu in Haus Sonnenschein: die Betten, die Decken, die Tische und Stühle, es gab auch ein paar neue Spielsachen, Bälle, Sandeimer, Förmchen, ja sogar eine Puppenstube, einen großen Sandkasten ... auch ganz neue gelbe Springseile, die kamen zusammen mit blauen Turnhosen und gelben Turnhemden aus Schweden, wie schön sahen sie alle darin aus! Nie wieder würden sie die Farben der schwedischen Flagge vergessen, gelb wie die Sonne und blau wie die Blumen.
Sie sah sich noch vor Fräulein Baumann stehen und fragen:
„Sind wir jetzt alle reich?"
Und Fräulein Baumann lachte so lieb und herzlich und antwortete:
„Reich wie die Könige!"
Heiner erzählte ihr, wie seine liebe Felicitas ganz glücklich mit ihren Eltern abgezogen war, aber vorher verbrachte sie fast zwei Tage und zwei Nächte an seinem Bett, um ihm alles gut zu erklären, und dass sie jetzt nicht mehr bei ihm sein könnte, es ging einfach nicht anders, sagte sie, und küsste und umarmte ihn eins ums andere Mal, und natürlich hielt sie ihr Versprechen.
Sie schrieb ihm alle vierzehn Tage.
Ein paar Stunden vor ihrer Abreise setzte sie sich noch einmal zu ihm, obwohl ihre Eltern bereits gestiefelt und gespornt dastanden, um sie mitzunehmen.

„Pass auf, mein Heinerchen. Weißt du was? Jetzt musst du lesen lernen, es ist höchste Zeit, und du wirst sehen, du lernst das ganz schnell. Ich will dir doch Briefe schreiben, die ersten wird dir Tante Bröker vorlesen, aber sieh zu, dass du so schnell wie möglich lesen lernst, du bist jetzt erst ungefähr viereinhalb, aber Tante Bröker wird's dir beibringen ... und du bist ja so ein schlaues kleines Bürschchen!"

Am nächsten Tag fing Heiner mit dem Lesen an. Tante Bröker hatte so ein schönes dickes Buch mit Grimms Märchen, da waren auch Wölfe drin zu sehen und arme hungrige Kinder, die alleine im Wald waren ganz ohne ihre Eltern, sie hießen Hänsel und Gretel und hatten großen Hunger und auch Angst vor einer scheußlichen Hexe, und da gab es wie im Krieg auch ganz grausame Leute mit Messern und Schießgewehren, einen Prinzen, der erst ein Frosch war, oder erst ein Prinz und dann ein Frosch, Heiner brachte das immer durcheinander. Tante Bröker machte ihm ein kleines Heft, das war sein Schreibheft, denn eine Schiefertafel gab es nicht, so mussten sie sich mit dem Schreibheft und einem Bleistift begnügen. Er lernte seinen Namen schreiben, Heiner Bromberg, und dann wollte er ‚Der Wolf' schreiben, und das konnte er auch sehr schnell, ‚Der Wald' und ‚Die Schokolade', die ihm so gut schmeckte und die einmal von Leuten aus Amerika gebracht wurde, die selber aussahen wie Schokolade, wie musste der Heiner da lachen! Er schrieb auch ‚Felicitas' und ihren Nachnamen, ‚Schuster', das bedeutete das gleiche wie Schuhmacher. Heiner war ganz glücklich, er konnte schreiben!!!

Dann fingen sie auch an zu rechnen und Heiner dachte:

„Jetzt bin ich fast schon ein großer Junge!"

Er traute sich aber nicht, das laut zu sagen, die hätten ihn sicher ausgelacht.

Eines Tages fragte Heiner:

„Tante Bröker, wie schreibt man denn das Wölfeheulen?"
„Ich weiß nicht ....", sagte Tante Bröker, „ich hab' die Wölfe zwar heulen hören ..., aber ... sag du mir, wie das klingt."
Und der Heiner heulte wie ein Wolf, allerdings ganz leise, um die anderen Kinder nicht zu erschrecken.
„Uhhuhhuhh ..."
„Also das fängt mit U an", sagte Tante Bröker.
„Wie sieht das aus, das U?"
„So ist das U", sagte Tante Bröker und schrieb ein schönes großes U.
„Und wie geht's jetzt weiter, das Wölfeheulen?"
„Immer mit dem U, denke ich", sagte Tante Bröker.
„Ja, aber ... da sind noch andere Buchstaben ... erst ist das U und dann sind da noch mehr Buchstaben."
„Sag du es mir", sagte Tante Bröker und betrachtete aufmerksam sein kleines angespanntes Gesicht.
Heiner streckte die Zunge raus.
„Was meinst du damit?", fragte Tante Bröker.
„Ja, das ist so wie lelele ..."
„Und auch ein i?", fragte Tante Bröker.
„Ich hab' immer gehört, wie die Wölfe mich gerufen haben ...", sagte Heiner langsam vor sich hin.
„Wie klang das denn?"
„Na erst war das wie Uuuu und dann wie lili ..."
„Das hört sich an wie Uli", sagte Tante Bröker.
Heiner sprang auf.
„Die haben mich so gerufen!", schrie er. „Ich hab' immer wieder gehört, wie die mich gerufen haben: Uliiii, Uliii.."
„Uli ist ein Name", sagte Tante Bröker. „Es kommt von Ulrich ... es ist ein Jungenname!"

„Wie?", fragte Heiner ganz aufgeregt. „Es gibt Jungen, die heißen Uli, wie ich Heiner heiße?"
„Jawohl ... und die Wölfe haben dich so gerufen?"
„Immer wieder ... immer wieder riefen sie Uli Uli Uli ....", sagte Heiner und die Tränen liefen ihm übers Gesicht.
Er lernte sofort das Wort Uli schreiben und schrieb es immer wieder in sein Heft. Dann verwahrte er sein Heft unter der Matratze und legte sich schlafen.
Tante Bröker war ganz aufgeregt.
Abends besprach sie die Angelegenheit mit Onkel Fritz und Opa August, der in der Küche stand und einen Riesentopf Apfelmus kochte.
„Wollt ihr mal probieren?"
Ja, das wollten sie gerne. Und als sie so langsam ihr Apfelmus löffelten, erzählte Tante Bröker von Heiner und den Wölfen, die ihn Uli nannten.
„Und wenn das sein richtiger Name ist?", sagte Opa August nachdenklich.
„Na, so ein Blödsinn! Die Kinder haben den Heiner gefunden, als er etwa fünf Monate alt war! Ein Säugling!"
„Naja, also es ist das Wolfsgeheule .... aber komisch ist es doch!"
„Das gibt's doch wohl nicht, dass er sich an seinen Namen erinnert?"
„Wie ist sowas möglich?"
Tante Matischek meinte allerdings:
„Diese winzigen Dinger sind doch viel schlauer, als man gemeinhin glaubt ... und der kleine Heiner ist doch ein besonders begabtes Kind, findet ihr nicht? Wie schnell er alles lernt! Er redet schon jetzt wie ein großer Junge. Und wenn es doch sein Name wäre?"
„Wie ist es möglich, dass ein Säugling sich an seinen Namen erinnert?"

„Und wenn er das in seinem Köpfchen aufbewahrt hat, Uli, so wie ihn seine Mutter nannte?", sagte Onkel Fritz.
Heiner schrieb ‚Uli' und ‚Ulrich' in sein Heft, und er fuhr fort damit, als er in die Schule kam und verzierte alle seine Hefte mit ULI und ULRICH.
Der kleine Heiner dachte immer an Felicitas und erwartete sehnsüchtig ihre Briefe. Er hatte schon einen Brief und zwei Postkarten von ihr bekommen.
Die Briefträgerin war eine große rundliche Dame, Brunhilde genannt, die auf einem gelben Postfahrrad vor Haus Sonnenschein anrollte und dabei ‚Fuchs, du hast die Gans gestohlen, gib sie wieder her...' vor sich hin trällerte. Wenn ein Brief oder eine Postkarte von Felicitas dabei war, ließ sie das jeweilige Volkslied einfach fallen wie einen faulen Apfel:
„Hänschen klein ging allein in die weite ..."
Stattdessen sang sie dann:
„Heiner Bromberg, Heiner Bromberg, hier ist dein Brief!!!"
Und Heiner lief flink wie der Hase aus dem Märchen, um seinen Brief zu holen, die Briefträgerin gab ihm ein Küsschen und Heiner lächelte glücklich, dann kletterte er blitzgeschwind eine alte hundertjährige Eiche hoch, die die Bomben verschont hatten, und wo er sich ganz oben verdeckt und versteckt hinsetzen konnte, um den Brief in aller Ruhe zu lesen. Eigentlich konnte er den Brief nicht ganz richtig lesen, nur alle möglichen Buchstaben und Wörter, aber er guckte sich alles ganz genau an, jeden Buchstaben und jedes kleine Wort, und wenn er die Eiche wieder hinuntergeklettert war, lief er schnell zu Tante Bröker, damit sie ihm den Brief vorlesen sollte. Heiner war so verrückt nach Felicitas Briefen, dass jeder Satz sich ihm ins Gedächtnis brannte wie ein buntes Bild. Den ersten Brief konnte er aufsagen wie ein Gedicht:

Mein kleiner Heiner, ich hab' dich ganz lieb, weine nicht um mich und denk immer daran, dass eines Tages deine Mama kommen wird, um dich abzuholen. Ich bin sehr glücklich und zufrieden. Ich weiß, dass du schon rechnen kannst wie ein großer Junge!
Viele Küsse und Grüße von Felicitas

Der zweite Brief war schon etwas länger, denn Heiner kannte jetzt mehr Buchstaben:

Lieber Heiner, vielen Dank für deine schöne Postkarte mit dem Bild vom Wolf, der einen Hasen frisst! Weine nur nicht, es ist sicher nicht mehr lange hin, bis deine Mama kommt, ich weiß es ganz bestimmt. Ich bin sehr zufrieden, denn ich kann jetzt zur Schule gehen, aber ich helfe auch viel im Haus mit, denn wir haben viel Arbeit.
Wie schön du schon schreiben kannst, so schöne Sätze!
Viele Küsse von Felicitas

Heiner schrieb die Worte von Felicitas alle noch einmal in sein Heft, das eigentlich kein richtiges Heft war, sondern zusammengeheftete alte Rechnungen, auf deren Rückseiten er schrieb, denn da war genug Platz. Er schrieb jeden Tag so gut er es vermochte, und Tante Bröker war sehr zufrieden mit ihrem Schüler. Sie lobte ihn oft und sagte, er würde bald ein richtig dickes Buch alleine lesen können, und bald dürfte er auch schon in die Bücherei und Bücher ausleihen und weil er so ein liebes Kind war, dürfte er sicher mithelfen. Er freute sich sehr über diese glänzenden Aussichten. Er schrieb und las und las und schrieb, er konnte gar nicht wieder aufhören. Jetzt konnte er schon so viel, dass Felicitas ihm manchmal zwei Seiten lange Briefe schickte, und Heiner schrieb ihr zurück, dass er ganz glücklich und zufrieden sei, und dass er jetzt eine sechsjährige Schulfreundin habe, die seine Schwester sein wollte, und sie wollte ihm auch ihre beiden Brüder leihen. Tante Bröker erfand für Heiner einen Geburtstag, am achten Mai, denn da war ja der Krieg zu Ende gegangen, ein wirklich schöner Geburtstag, das musste man wohl sagen! Felicitas schickte ihm ein Geburtstagspäckchen mit einem wunderschönen Vogelbuch und einer Tafel Schokolade.

Mein allerliebster Heiner,
herzlichen Glückwunsch zum Geburtstag, den Tante Bröker für dich erfunden hat! Der achte Mai ist wohl auch ein schöner Tag, denn gerade da war der Krieg zu Ende. Mein lieber Heiner, lass dir die Schokolade schmecken. Ich hoffe, dir gefällt das Vogelbuch, daraus kannst du viel lernen. Ich denke oft und viel an dich und bin sehr zufrieden mit dir, denn du hast dir ja solche Mühe beim Lesen und Schreiben gegeben, dass ich ganz stolz auf dich bin. Tante Bröker schrieb mir neulich, dass du schon ganz lange Sätze lernen kannst. Ich hab' dich ganz lieb und schicke dir fünfzig dicke Küsse, deine
Felicitas

Manchmal schickte Felicitas eine Zeichnung mit, die sie für ihn gemacht hatte, sie konnte wirklich gut zeichnen: ihre Wohnung, ihre Geschwister, den Garten, ihre Schule ... und einmal hatte sie ein paar amerikanische Bonbons mitgeschickt.
Heiner lutschte bloß eins von diesen Bonbons und hob die anderen lange in einem gelben Beutel auf, den Felicitas für ihn im Übergangslager genäht hatte. Sie waren ihm zu kostbar.
Felicitas schrieb immer weiter Postkarten und Briefe an ihn, sie vergaß ihn nie, und wie glücklich er immer war, wenn er Post von ihr bekam. Heiner hob alle Postkarten, Briefe und jedes Fitzelchen von Felicitas unter der Matratze auf. Da war er nicht der einzige, alle

Kinder hoben ihre Schätze unter den Matratzen auf, denn da guckte nie jemand nach, das war ein ungeschriebenes Gesetz. Heiner hatte sogar noch einen Schnuller, den ihm die lieben Leute vom Roten Kreuz geschenkt hatten, und wenn er jetzt noch manchmal weinen musste, dann tröstete er sich in der Dunkelheit der Nacht mit seinem alten Schnuller, dann war er ganz zufrieden und schlief glücklich wie ein Baby ein.

Nie in ihrem ganzen Leben vergaß Hagens Schwester den Kleinen mit den dunklen Locken, der im gleichen Jahr wie sie geboren war, 1945, und der verlorenging, als die Russen in Pommern und Westpreußen einmarschierten, und den seine Mutter schließlich wiederfand, drei Jahre nachdem er in ihre Klasse gekommen war, an einem Maientag, während er auf dem Sandhaufen mit einem Eimer und einer Schaufel spielte, im Wald vor Haus Sonnenschein, fast acht Jahre nachdem die junge Mutter von zwei Kindern – einem zweijährigen Mädchen und einem kleinen Baby von fünf Monaten – zu einer unbekannten Frau gesagt hatte:

„Kannst du mir eben mal das Baby halten, damit ich der Kleinen was zu essen geben kann?"

... und wie ein tödlicher Blitz erschienen urplötzlich die russischen Soldaten und teilten die Menge einfach durch, wie man eben so verfuhr mit den Flüchtlingen und Vertriebenen, sie teilten die hungrige Menge, still und kalt vor Angst, Frauen, Kinder und alte Leute, in zwei verzweifelte und vollkommen hilflose Gruppen, und schrien auf sie ein, ihr kommt nach Westen und ihr nach Sibirien. Und so geschah es, dass die tieftraurigen Flüchtlinge, erschöpft, hungrig und zitternd vor Kälte, die ihre Heimat bereits verlassen und alles verloren hatten, Häuser, Stallungen, die geliebte Erde und fast alles, was sie sonst noch besaßen, jetzt auch noch auseinandergerissen wurden.

Der kleine Heiner schrie und schluchzte verzweifelt in den Armen der unbekannten Frau, der arme Kleine fühlte, dass in sein winziges Herz ein trostloses und dunkles Gefühl drang. So sehr seine Mutter auch die russischen Soldaten anflehte und den Namen ihres Kindes schrie, während die unbekannte Frau das Kind umklammerte und mit hilflosem Gesicht zurückblickte, zugleich immer weiter fortgestoßen wurde, hob sie die Hand, als wollte sie sagen, dass sie sich um das Kindchen kümmern würde, beachteten die Russen die Schreie der Frauen kein bisschen, und so verlor die junge Mutter ihren fünf Monate alten Säugling mit den großen blauen Augen und schwarzen Löckchen, und aus beider Leben verschwand die Musik und das Glück und an ihre Stelle trat eine dunkle Traurigkeit.

Tage bevor der kleine Heiner zitternd wie ein Blättchen und mit Tränen in den Augen in ihre Klasse kam, hatte ihnen Fräulein Baumann schon viel von den sogenannten Bromberger Kindern erzählt, und dass sie jetzt zu ihnen in die Schule kommen würden; man nannte sie so, weil sie in der Bromberger Gegend in Westpreußen gefunden worden waren.

Sie wusste nicht, warum ausgerechnet der kleine Heiner die Stadt Bromberg als Nachnamen trug, wenn sie doch alle Bromberger Kinder genannt wurden. Eines Tages hatte das Rote Kreuz sie endlich im Wald gefunden, sie hatten schon lange nach den Kindern gesucht, die mal hier, mal dort auftauchten, aber schnell wieder im Wald verschwanden, weil sie Angst hatten. Eine scheue Kindertruppe, verängstigt und geduckt, die nicht angefasst werden wollte, und vor jedem Wort und jeder Hand scheu zurückschrak wie verprügelte Welpen, und die ihr Gesicht schnell mit ihren harten kleinen Händen bedeckten. Keiner von ihnen wollte auf die sanften Fragen antworten, die man ihnen in den kalten, dunklen Wäldern Westpreußens

stellte, ihrer einzigen Heimat, in der sie sich notgedrungen aufhielten und die für sie Zufluchtsort und feindliche Erde zugleich war.
Heiner war das jüngste Kind der zusammengewürfelten kleinen Schar, er war etwa zweieinhalb Jahre alt, aber er sah gesund und rund aus, fest eingepackt in warme Kleidung und geliebt von allen Kindern der Truppe, die später berichteten, als sie erst einmal aufgetaut waren, wie sie ein halbtotes, eiskaltes Baby, das nicht einmal mehr weinte, in einem kleinen Karren entdeckt hatten. Seine Mutter hatte er im Krieg verloren, aber dann hatte er das Glück, eine neue Mutter zu finden, die sich rührend um ihn kümmerte; ein kleines rachitisches Mütterchen von elf Jahren mit hellwachen Augen und einem rührenden ovalen Gesicht, das ihn liebevoll betrachtete; sie streichelte ihn, wiegte ihn in den Schlaf und sang ganz leise die alten Wiegenlieder, die sie zu Hause gehört hatte. Der kleine Heiner hatte auch eine Reihe von sehr jungen Beschützern im Alter von acht, neun und zehn Jahren, völlig abgemagert und ewig frierend, immer auf der Jagd nach einer Kuh, damit der Kleine etwas Milch bekam. Sie ergatterten alles, was sie in den zerstörten Häusern und bombardierten Höfen an Essen fanden, sie umarmten ihn und wärmten ihn und brachten ihn zum Lachen. Der kleine Junge freute sich ganz toll, und patschte ihnen in die Gesichter mit seinen kalten, rauen Händchen.
Er lächelte zufrieden, wenn sich die Gesichter der kleinen Truppe über ihn beugten, er schaute unschuldig und glücklich in die Welt, so als wüsste er nichts von Krieg und Bomben. Er hatte sogar spielen gelernt, da war ein kleiner Ball, den die Kinder ihm aus Lumpen zusammengerollt und genäht hatten, und eine kleine Puppe mit einer Walnuss als Köpfchen und aufgemalten Augen, Näschen und einem roten Mund. Die schleuderte er selig hin und her und freute sich jeden Tag aufs Neue über seinen fidelen Spielkameraden.

Als plötzlich die Leute vom Roten Kreuz vor ihnen standen, deckten die Kinder den kleinen Heiner in seinem Kärrchen sofort mit einer Jacke zu, sodass er gar nicht mehr zu sehen war, und stellten sich alle zusammen wie eine Mauer vor ihn; es war ihnen klar, dass ihr kleiner Schatz besonders gehütet werden musste, sodass niemand ihm etwas tun konnte. Die Leute vom Roten Kreuz hatten nur einen Blick auf das kleine Wesen mit den blauen Augen und dunklen Locken werfen können.
Die Kindertruppe stand mucksmäuschenstill und wie versteinert vor den unerwarteten Gestalten, die ein rotes Kreuz auf ihren weißen Jacken trugen.
Sie hatten ihre Augen fest auf die fremden Gesichter gerichtet, die sie freundlich ansahen, als ein Mädchen plötzlich seine Stimme erhob und laut sagte:
„Das sind keine Russen."
Die Kinder guckten sich fragend an. Sie wussten nicht recht, was davon zu halten war. Das waren keine Russen. Sie lächelten sehr freundlich. Und wenn es keine Russen waren, was waren es dann für Leute?
Es stand klar und deutlich in ihren Gesichtern geschrieben:
Für sie war jeder Erwachsene eine verdächtige und gefährliche Gestalt, besonders, wenn es sich um Männer handelte. Hier waren allerdings auch Frauen dabei.
„Das sind Deutsche", sagte das Mädchen.
Ein paar Kinder machten eine rasche Bewegung, so als wollten sie fliehen. In der kleinen Truppe waren nämlich auch polnische und kaschubische Kinder, und die hatten Angst vor den Deutschen, denn sie wussten von der Invasion der deutschen Wehrmacht in Polen.
Aber die freundlichen Leute vom Roten Kreuz trugen etwas zu Essen in den Händen und gaben ihnen sogar ein paar Süßigkeiten. Sie san-

gen dem kleinen Jungen etwas vor und hatten auch einen Schnuller für ihn dabei und eine kleine Steiffkatze. Darüber freute sich der Junge und lachte kullernd.

Die Kinder waren plötzlich ganz erleichtert, und Felicitas sagte: „Wir sind ja eigentlich Kinder, dürfen wir jetzt wieder spielen?"

Da fingen sie plötzlich alle an zu weinen, einer nach dem anderen, die ganze arme Schar, und sie weinten und weinten und mussten lange getröstet werden, bis sie wieder aufhören konnten, dann kam gleich das Lachen, und die Freude über das gute Essen und Trinken, und sie konnten mit dem Lachen auch gar nicht mehr aufhören.

Bloß der kleine Junge weinte nicht, er guckte nur erstaunt, weil sie alle anfingen zu weinen, und darüber musste er besonders laut lachen, denn er hatte seine kleinen Beschützer noch nie weinen gesehen.

Als sie ihm den Schnuller gaben, erklärte ihm die kleine Felicitas, dass das ein Schnuller sei, damit könnte man sehr gut einschlafen, und nach zwei Sekunden hatte der Kleine den Schnuller wie festgeschraubt im Mund und wollte ihn nicht mehr hergeben. Er nahm ihn nur raus, um zu essen und zu trinken und natürlich, um gluckernd und glücklich zu lachen.

Und so kam es, dass die kleine Schar von Kindern in das schöne große Auto vom Roten Kreuz einsteigen durfte, und sie verließ für immer die kalten und dunklen Wälder Westpreußens. Sie fuhren fröhlich weg, aber trotzdem war das Leben natürlich auch jetzt nicht leicht für die kleine Schar, denn es gab Augenblicke, in denen die Kinder die Fassung verloren und schrien, denn sie hatten sehr viel mitgemacht und steckten voller Kriegsbilder und Gewaltszenen, über die sie nie hatten reden können. Erst viel später, als sie ihre Stimme, ihren Mut und ihren Wortschatz wiederhatten, trauten sie sich in manchen Augenblicken, die grauenhaften Bilder zu beschreiben, die sie gesehen hatten. Ein kleines Mädchen hatte, ganz tief ins Heu eingegraben, bewegungslos und voller Angst wie ein halbtotes Mäuschen, miterlebt, wie ihre ganze Familie umgebracht wurde, ihre Mutter, die Oma, der Großvater und ihre fünf Geschwister. Manche Kinder erzählten schluchzend und mit weit aufgerissenen Augen, wie sie versucht hatten, den gefrorenen Boden aufzuhacken, um ihre Toten zu begraben aus Angst vor den Wölfen, und einer von ihnen, ein kleiner Junge von fünf Jahren, begrub seine siebenjährige Schwester, die vor Hunger und Kälte gestorben war, im Schnee, denn er wusste sehr wohl, dass die Wölfe noch hungriger waren als die Menschen.

Eines Morgens kündigte Fräulein Baumann die Bromberger Kinder an. Sie hörten alle ganz gespannt zu. Sie erzählte von Pommern und Westpreußen, und Hagens Schwester saß da und träumte vor sich hin, als plötzlich die Frage kam:

„Weiß einer von euch, wer die Russen sind?"

Sie hob die Hand und sagte ganz laut und deutlich:

„Ja, das weiß ich wohl, das sind Elefanten."

Fräulein Baumann saß da bass erstaunt. Elefanten! Die anderen Kinder wussten auch nicht viel von den Russen oder sie hatten Angst, davon zu reden; sie lachten nicht mal, denn vielleicht hatte die Heidi ja recht?

Fräulein Baumann sagte, sie solle noch mehr von den Russen erzählen, und wie sie aussahen und was sie taten, und da erklärte sie mit heller Stimme, dass die Elefanten in den Wäldern wohnten, da waren sie angebunden an die Bäume, aber eines Tages rissen sie sich los und rannten ganz schnell in die Dörfer und machten alle Häuser kaputt und ganz viel Krach, Tische und Stühle gingen kaputt und überhaupt alles, auf alles traten sie mit ihren ungeheuer dicken Pfoten: auf die Tassen und Teller, Spielsachen und Bücher, und sie klauten

auch Bilder und alles, was aus Gold und Silber war und das schleppten sie mit ihren Rüsseln einfach ab in den Wald.
Fräulein Baumann unterhielt sich darüber mit Heidis Mutter. Lissy dachte etwas nach und dann sagte sie, dass diese Phantasien aus der Ähnlichkeit der Worte Russen und Rüssel entstanden waren, und aus all den Kriegsgeschichten der russischen Invasion, die die Kinder so mitbekommen hatten.
„Das ist alles", sagte Lissy.
„Kein Wunder!", sagte Fräulein Baumann. „Wie sollen denn die Kinder den Krieg verstehen, wenn sogar wir ihn nicht begreifen können! Die armen Kinder! Sie sind doch noch klein ... was für eine grausame Welt!"
„Jetzt ist der Heiner etwa fünfeinhalb oder etwas älter, wir wissen es nicht genau", sagte Fräulein Baumann, „er ist ziemlich schüchtern und spielt am liebsten im Wald; ich habe gehört, dass er alle Vogelstimmen nachahmen kann und dass er die Bäume hoch- und runterklettert wie ein kleiner Affe ... da ist er richtig glücklich. Es fällt ihm schwer, stillzusitzen und er kann nicht lange im Haus sein, er muss sich erst nach und nach daran gewöhnen. Er ist der Kleinste von allen und darum müssen wir ganz lieb zu ihm sein und ihn bei uns aufnehmen, so dass er glücklich und zufrieden sein kann. Das Rote Kreuz sucht seine Mutter, seine Familie ... aber im Augenblick haben wir noch keine Nachricht bekommen, es ist wirklich traurig ... aber sie werden schon noch auftauchen."
Die Nacht darauf träumte sie von den Wölfen und sah den kleinen Heiner im dunklen westpreußischen Wald, er hatte einen Schnuller im Mund und lief am Strand entlang, das Meer war dunkelgrün und wild, man musste ordentlich Angst haben ...
„Lissy, Lissy!"
Sofort war ihre Mutter bei ihr, umarmte sie und gab ihr einen Kuss:

„Hab' keine Angst, es ist ja nichts, du hast nur geträumt ..."
„Es gibt doch keine Bomben mehr, oder?", fragte sie ängstlich. „Der Krieg war doch am achten Mai zu Ende, oder hab' ich das geträumt? Und die Russen kommen doch jetzt nicht mehr, oder?"
Ihre Mutter erzählte ihr von den Elefanten, und dass es hier im Wald keine gäbe, denn sie wohnten ja in Afrika und in Indien.
„Es sind sehr intelligente Tiere mit einem fabelhaften Gedächtnis, und sie tun den Leuten nichts, nur wenn man sie belästigt, und die Elefanten haben mit den Russen gar nichts zu tun, sie haben bloß Rüssel und das klingt so ähnlich und darum hast du das verwechselt. Die Russen sind Menschen wie alle anderen auch."
„Ach so", sagte sie. „Der arme Heiner! Er tut mir richtig leid. Wo ist wohl seine Mutter abgeblieben?"
„Welche Mutter von welchem Heiner?", fragte Lissy. „Von wem redest du denn, mein liebes Vögelchen?"
„Heiner", sagte sie, setzte sich auf und guckte ihre Mutter mit weiten Augen an, „der kleine Heiner ist ganz alleine im Wald ohne seine Mutter, der arme kleine Kerl!"
„Aber was redest du denn da, unser Heiner liegt doch friedlich in seinem Bett!"
„Ich meine doch den anderen Heiner, den Heiner Bromberg!"
„Ach so ...", sagte Lissy und seufzte leise. „Du wirst schon sehen, er findet seine Mutter noch!"
„Ach ja?", sagte sie und trocknete ihre Tränen an der Bettdecke.
„Na sicher", sagte Lissy und gab ihr eins von ihren federleichten Küsschen, „und wenn er morgen in deine Klasse kommt, dann rede nur mit ihm und sag ihm, er könne dein kleiner Schulbruder sein, und er soll sich ja nicht fürchten, denn jetzt muss er erstmal spielen lernen!"
„Kann er das denn nicht?"

„Ich glaub' nicht, dass er viel vom Spielen versteht ... er soll sich mal darauf konzentrieren, denn jetzt muss er das Spielen mit anderen Kindern lernen, das wird ihm großen Spaß machen!"
„Na gut, dann ist er also mein kleiner Schulbruder und das Spielen wird' ich ihm schon beibringen!"
„Genau", sagte Lissy und gab ihr einen Kuss.
„Nun schlaf schön, mein Täubchen."
Sie träumte von Heiners Mutter, sie sah genau aus wie er; Fräulein Baumann hatte ihn beschrieben, denn sie kannte ihn schon:
Ein liebes kleines Bürschchen mit großen blauen Augen und dunklen Locken.
Sie träumte, dass Heiners Mutter angelaufen kam, um ihn auf den Arm zu nehmen. Sie sagte:
„Nun weine doch nicht, ich bin doch deine Mama."
Und sie sah den kleinen Heiner im Traum, er lag in einer Wiege und lächelte so niedlich, so wie das die ganz kleinen Kinder tun.
Als Heiner am nächsten Tag zitternd und mit hängendem Kopf in ihre Klasse kam, da wusste sie schon, dass er Tränen in den Augen hatte. Sie saß in der ersten Reihe, denn sie war das jüngste Kind in der Klasse. Der kleine Heiner guckte sie mit seinen blauen Augen an, sie waren so groß, dass sie ihm fast aus dem Kopf fielen.
Da stand sie auf, denn sie hatte keine Angst und sagte ganz leise zu ihm:
„Komm, Heiner, setz dich neben mich. Ich bin die Heidi ... ich will deine Schwester sein bis du deine Mutter wiederfindest, sie kommt ganz bestimmt, ich hab' schon von ihr geträumt."
Heiner sah sie mit großen Augen an, wischte sich die Tränen ab und setzte sich zu ihr. Die anderen Kinder saßen ganz still da und hörten zu.
„Wie alt bist du?", flüsterte sie.

„Ich glaub' ich bin fünfeinhalb", flüsterte der Heiner.
Sie war bis jetzt die Jüngste der Klasse gewesen, jetzt war der Heiner dran.
„Ich bin fast sechs", flüsterte sie. „Ich bin die Jüngste in der Klasse, aber jetzt bist du dran!"
„Der Heiner kann schon lesen, darum kommt er gleich in die zweite Klasse", sagte Fräulein Baumann. „Er ist ein ganz kluges Kind! Tante Bröker hat ihn in Friedland unterrichtet."
Alle Kinder kannten Tante Bröker, denn sie war schon in der Schule gewesen, um ihnen von den Bromberger Kindern zu erzählen.
Sie fingen an zu lesen, jedes Kind las einen Satz aus dem Lesebuch. Heiner wollte nicht lesen, er schämte sich, senkte den Kopf und bedeckte sein Gesicht mit beiden Händen.
In der Pause erzählte er ihr aber sehr schön vom Wald: wie man auf einem Baumzweig schlafen konnte ohne runterzufallen, und wie man mit den Eichhörnchen und Vögeln spielen konnte.
„Er kann so schön spielen", erzählte sie ihrer Mutter, als sie aus der Schule kam. „Er kann lesen und schreiben und hat überhaupt keine Angst vor mir. Er hat gesagt, ja, er wollte gern mein kleiner Bruder sein. Er hat mir auch erzählt, dass er gar nicht gerne weint, aber dass ihm manchmal die Tränen aus den Augen tropfen, er weiß auch nicht warum."
„Er scheint mir ein sehr kluges Kind zu sein", bemerkte Lissy.
Sie lieh dem Heiner ein Buch, damit er was zum Lesen hätte, es war ein sehr komisches Bilderbuch das ‚Schrumpel und Schrumpelinchen' hieß; es war Hagens Lieblingsbuch. Es handelte von Monstern, die im Schlamm wohnten und vor denen man keine Angst zu haben brauchte, denn sie waren ganz lieb und witzig, Heiner musste immer lachen, wenn sie zusammen im Buch blätterten. In dem Buch waren auch Schlangen drin und Kröten und haufenweise langschwänzige

Salamander. Sie hatten sofort angefangen mit Spielen, sie war jetzt Schrumpelinchen und Heiner der König, der in den Sumpf trat, um die dort versammelten Monster zu besuchen.

„Der Heiner kann wirklich spielen", erzählte sie und Lissy war ganz begeistert, „der spielt ohne Unterlass und erfindet immer was dazu!"

Eines Tages kamen Autobusse nach Espelkamp, das waren die sogenannten Besucher, sie waren auf die neue kleine Stadt neugierig, die extra gegründet worden war, um all die vielen Leute unterzubringen, die keine Heimat mehr hatten. Espelkamp wurde schnell bekannt, denn im Rundfunk wurde viel von Flüchtlingen, Kriegsgefangenen, Deportierten und Heimkehrern geredet. In Espelkamp wurde fieberhaft gebaut. Es gab schon mehrere Fabriken; es waren Schulen da, ein Rathaus, Läden, Kinderheime und Internate, eine Jugendmusikschule, Sportplätze, ein Kammerorchester, drei Cafés und sogar eine Badeanstalt mit einer richtigen schlammigen Insel in der Mitte, worauf Trauerweiden standen, von deren Zweigen man sich ganz toll wie Tarzan ins Wasser schleudern ließ. Die Konzerte und Theateraufführungen fanden in der Turnhalle statt. Die Schulen waren neu und wunderschön, jede Schule war anders, es waren Gärten dabei und Schulhöfe und sogar Wald ringsherum; da war vielleicht was los! Da hopsten die braunen und rötlichen Eichhörnchen von Baum zu Baum und flitzten die Stämme hoch, es gab viele Vögel, sehr schöne Eichelhäher, Füchse, Iltis, alle Arten von Mardern und auch Hasen und sehr viele Kaninchen, etwas weiter weg wohnten die Rehe, Hirsche und Wildschweine, die manchmal mit ihren gestreiften Frischlingen brav in einer Reihe an der Straße standen, warum, wussten sie auch nicht.

„Wollen die vielleicht in die Schule?", fragte ihr Bruder Heiner.

„Schön blöd!"

Es kamen viele Leute in Bussen nach Espelkamp, sie wollten die Flüchtlingsstadt im Wald besichtigen, aber es waren auch welche dabei, die nach Vermissten suchten, sie hatten alles Mögliche dabei, Beschreibungen von Kindern, Frauen und Männern, Fotos und Dokumente, und allen wurde geduldig zugehört, sie saßen da und erzählten ihre Geschichte von vermissten Kindern, Soldaten, Müttern und Brüdern, es waren oft unendlich lange Berichte.

„Wir haben hier Waisenkinder und auch Kinder, die bis heute ihre Familie nicht gefunden haben", sagte eine der Diakonissen. „Wenn wir Haus Sonnenschein besuchen, passen Sie bitte besonders gut auf, wir haben viele Kinder hier, die bis jetzt ihre Familie nicht gefunden haben, vielleicht sehen Sie ein Kind, das Sie an jemanden erinnert. Seien Sie bitte diskret, Sie dürfen sich gerne mit den Kindern unterhalten, aber fragen Sie sie bitte nicht aus, und machen Sie bitte auch keine Bemerkungen vor ihnen, falls Sie ein Kind sehen, das Ihnen bekannt vorkommt. Teilen Sie uns das direkt mit."

Die Besucher durften durch Haus Sonnenschein gehen, es hatte seinen Namen verdient, es war wirklich ein lichtes, schönes Haus mitten im Wald, sie betrachteten die Kinder, die vor dem Haus im Sandkasten spielten.

Eine rundliche kleine Frau unterhielt sich freundlich mit den Kindern, dann kam sie zu der Leiterin und sagte sehr aufgeregt:

„Da ist so ein kleiner Kerl, ich weiß nicht, aber ich hab' den Eindruck, dass ich den schon irgendwo mal gesehen habe ..."

Die Diakonisse ging mit ihr ins Büro.

„Wie ist Ihr Name, bitte?"

„Mathilde", sagte die rundliche kleine Frau.

„Ich bin Schwester Hilde. Nun erzählen Sie mal."

„Ja, das ist so ein kleiner Kerl mit schwarzen Locken und großen blauen Augen", sagte Mathilde. „Mir kommt es so vor, als hätte ich

ihn schon irgendwo mal gesehen, oder er sieht jemandem sehr ähnlich, ich komme einfach nicht drauf."
Die Diakonisse goss ihr eine Tasse Kaffee ein.
„Zucker?"
„Nein, vielen Dank", sagte Mathilde. „Ich hab' mich fast erschrocken, als ich den Kleinen gesehen habe. Mir wurde beinahe schwindlig!"
„Sowas passiert hier öfter", sagte Schwester Hilde. Sie zeigte auf den Plätzchenteller.
„Stärken Sie sich erst einmal, meine Liebe."
Mathilde nahm sich ein Zimtplätzchen.
„Der verdammte Krieg! Die armen Kinder, mein Gott!"
Die Tränen liefen ihr übers Gesicht. Sie musste ein Taschentuch herausziehen. Plötzlich hielt sie inne.
„Jetzt fällt mir was ein ... ich glaub', ich kenne eine Frau, der das Kind ganz ähnlich sieht ... aber eigentlich kenne ich keine, die ein Kind verloren hat ..."
Sie ging ans Fenster.
„Der Kleine stand ganz dicht an der Tür ... er hat so ganz große blaue Augen und schwarze Locken ... ich weiß wirklich nicht, wo ich dieses Gesicht schon mal gesehen habe ..."
Sie verfiel in Nachdenken.
Sie standen schweigend am Fenster, bis Mathilde sagte:
„Ich kann ihn nicht entdecken, vielleicht hab' ich's ja bloß geträumt ..."
„Nun mal ruhig Blut", sagte Schwester Hilde. „Gucken Sie sich mal ganz still in der Gegend um, bis sie den kleinen Kerl entdecken, mal sehen, wer das ist. Und denken Sie dran, dass hier viele Leute vorbeikommen und viele meinen, Sie hätten dieses oder jenes Kind schon mal gesehen und danach stellt sich raus, dass da gar nichts ist.

Obwohl vor etwa zwei Monaten eine Mutter hier ihr kleines Mädchen wiedergefunden hat ..."
„Ach wirklich?", fragte Mathilde ganz aufgeregt.
„Jawohl", sagte Schwester Hilde lächelnd, „genauso war's. Bei uns war eine ganz kranke und depressive Frau zu Besuch, die alle Hoffnung verloren hatte, sie dachte, sie würde ihr kleines Mädchen nie wiederfinden, denn beim Roten Kreuz war das Kind in einer Dresdener Liste aufgeführt, so als sei es bei der Bombardierung umgekommen. Sie wissen ja, das war so schrecklich, da sah es nachher aus wie auf dem Mond ... aber es gibt ja noch Wunder ... und plötzlich war die Kleine wieder da! Aber das Leben hat auch so seine Überraschungen ... als wir Ritas Mutter hier aus dem Bus steigen sahen, da sah sie ganz grau und traurig aus ... richtig krank und völlig niedergeschlagen, und ganz plötzlich hörten wir Rita schreien, sie war schon zwölf Jahre alt und fragte ständig nach ihrer Mutter, denn sie war völlig überzeugt, dass ihre Mutter noch lebte:
„Mutti, Mutti, ich bin's, Rita!"
„Was für ein großes Glück!", sagte Matilde begeistert.
„Das kann man wohl sagen, aber vorher hatten sie wirklich großes Pech, alles ging schief, was nur schiefgehen konnte ... sie wurden bei einem Bombenangriff getrennt. Dann haben sie Rita mit einem anderen Kind verwechselt, das war alles in Dresden. Jedenfalls hat Rita sofort ihre Mutter wiedererkannt, das Kind, nicht die Mutter! Als sie sie aus den Augen verlor, war sie fünf Jahre alt .... es war kurz vor dem Bombenangriff. Der Vater war vor zwei Jahren gefallen. Als die Mutter Ritas Stimme hörte, stürzte sie ohnmächtig nieder, wir konnten sie gerade noch auffangen, es war beim Aussteigen ... Als sie dann die Augen aufschlug und ihre Rita sah, war sie wie umgekrempelt, sie tanzte und sang mit ihrer Tochter, sie wollte sie gar nicht mehr loslassen, sie umarmten sich noch und noch und küssten sich

ab, es war rührend ... wir konnten die Beiden tagelang nicht trennen, wir haben ein Fest für sie gegeben, und dann fuhren sie so glücklich nach Hause!"

Sie gingen im Garten herum. Es war schönes warmes Wetter. Die Kinder spielten überall, im Sandkasten, unter und auf den Bäumen, sie hüpften die Treppen auf und nieder, lachten und spielten Ringelreihen.

Mathilde betrachtete ein Kind nach dem anderen.

„Er ist nicht dabei", sagte sie. „Wo ist er bloß abgeblieben? So ein nettes Kind, unverwechselbar mit den dunklen Locken und den großen blauen Augen."

Schwester Hilde war ganz aufgeregt. Sie dachte fest an Heiner Bromberg. Nach der Beschreibung gab es kaum Zweifel. Sie wollte versuchen, sich nichts anmerken lassen.

Heiner Bromberg saß still und gemütlich ganz oben auf seiner dicken und breiten Lieblingslinde. Er betrachtete die letzte Postkarte von Felicitas. Er fühlte sich nicht wohl unter so vielen Leuten, die Besucher waren ihm eher lästig. Er hatte es sich richtig gemütlich gemacht in den dichten Zweigen seiner Linde. Wie mochte seine Mutter wohl aussehen? Er hatte so oft in den Spiegel geguckt und sie sich vorgestellt, schön wie eine Prinzessin aus dem Märchenbuch von Tante Bröker, das war schon mal klar. Plötzlich ließ er sich fallen und glitt wie ein Salamander ganz schnell und leise nach unten. Als er angekommen war, schlug er noch einen Purzelbaum auf dem Sandboden. Eine rundliche kleine Frau guckte ihn aus großen Augen an.

„Warum glotzt die mich an wie eine Eule?", dachte Heiner Bromberg.

Er lief blitzschnell ins Haus.

Mathilde stand da wie vom Donner gerührt.

„Das ist er", sagte Mathilde. „Jetzt fällt's mir wieder ein. Ich kenne eine Frau ... der Mann ist Schreiner und arbeitet seit Monaten in den Neubauten gegenüber von meiner Wohnung. Seine Frau kommt jeden Tag, um ihm das Essen zu bringen. Das muss ihr Kind sein, er sieht gespuckt aus wie sie! Die Augen, die lockigen schwarzen Haare, der geheimnisvolle Blick ... Ich bin mir ganz sicher. Seine Mutter ist eine traurige Frau, wir haben uns immer gefragt, warum sie so traurig guckt. Sie muss seine Mutter sein!"
Mathilde war glücklich.
„Ihr Mann ist Schreiner. Was wissen Sie sonst noch von ihr?", fragte Schwester Hilde.
„Nicht viel", antwortete Mathilde angespannt. „Sie arbeitet wohl nachmittags in einem Büro ... sie sieht so aus wie dieses Kind, sie hat die gleichen blauen Augen, die fallen ihr fast aus dem Gesicht, so groß sind die! Genau wie bei ihrem Kind!"
„Und der Schreiner, ihr Mann, wie sieht er aus?", fragte Schwester Hilde.
„Ein sehr schweigsamer Mann, der arbeitet und arbeitet ohne den Blick zu heben", antwortete Mathilde nervös. „Er ist rothaarig und hat auch blaue Augen."
„Sehr schweigsam also", sagte Schwester Hilde. „Wie schweigsam?"
„Ja, das wollt ich gerade sagen", antwortete Mathilde. „Irgendwas stimmt da nicht ... sie sind ein bisschen seltsam, sie gucken eigentlich immer so traurig. Sie haben mehrere Kinder, da ist ein liebes Mädchen von etwa elf oder zwölf Jahren, und noch zwei süße kleine Kinder, drei und vier Jahre alt vielleicht ... die drei sind alle blond oder rotblond, sie sind nicht wie die Mutter."
„Sie ist dem Heiner Bromberg also sehr ähnlich", sagte Schwester Hilde vor sich hin.

„Bromberg!", schrie Mathilde. „Wieso heißt der mit Nachnamen Bromberg? Die sind nämlich aus Bromberg! Das ist das Einzige, was ich von ihnen weiß ... dass sie Flüchtlinge aus Bromberg sind!"
Sie war ganz rot vor Aufregung.
„Die haben das Kind in Bromberg gefunden", sagte Schwester Hilde. Jetzt war auch sie ganz aufgewühlt. „Das war 1947. Da wurde eine kleine Kinderschar gefunden, die irrte seit langem durch den Wald ... Dieser Junge hier war der Jüngste, und die Kinder erzählten, sie hätten ihn als kleines Baby gefunden und nannten ihn Heiner ..."
„Das muss ihr Kind sein", sagte Mathilde, in Tränen aufgelöst, „mein Gott, die arme Frau! Darum guckt sie so traurig und er ist so schweigsam! Ich bin sicher, dass der Heiner ihr Kind ist."
„Wir müssen dringend mit dem Vater reden", sagte Schwester Hilde. „Es ist dringend."
„Lassen Sie mich das machen?", fragte Mathilde bebend. „Ich bin auch ganz vorsichtig. Mir ist so eine verblüffende Ähnlichkeit noch nie untergekommen!"
Mathilde kehrte nach Hause zurück und ging schnurstracks zu dem Schreiner auf den Bau und fragte ihn. Er war erst ganz beklommen und ängstlich, aber als er die Geschichte von der verblüffenden Ähnlichkeit hörte, wurde er ganz aufgeregt. Ja, es sei wahr, seine Frau hatte ihr Baby bei Bromberg verloren, auf der Flucht mit der zweijährigen Almut und dem kleinen Ulrich, damals fünf Monate alt. Ja, das Baby hatte schwarze sehr lockige Haare und ihre blauen Augen. Er hatte den kleinen Ulrich nie gesehen, aber seine Mutter, also die Großmutter, die bei seiner Geburt dabei war, hatte ihm damals genau erzählt, wie unglaublich ähnlich das Neugeborene seiner Mutter war. Seine Frau bekam Kopfschmerzen, sobald von ihrem verlorenen Kindchen die Rede war, sie konnte seinen Namen nicht aussprechen, denn dann wurde sie ohnmächtig; das Rote Kreuz suchte ihn immer

noch, im Suchdienst des Rundfunks jeden Nachmittag, sogar in Russland und in Polen hatten sie nach ihm gesucht, überall, und sie warteten immer noch auf eine Nachricht, sie hatten die Hoffnung nicht aufgegeben. Seine Frau hatte ihm erst vor kurzem anvertraut, ganz leise in der Nacht, dass sie noch immer das Gefühl hätte, Uli sei noch am Leben, sie wüsste das, sie hörte ihn nachts atmen und reden, denn er war so ein ganz besonders kluges Kind, schon mit fünf Monaten war das zu merken. Der Schreiner sagte, seine älteste Tochter, die damals zwei Jahre alt war, redete immer noch von dem Baby, sie hatte es nie vergessen; Ursula war jetzt zehn und völlig sicher, dass das Brüderchen noch am Leben war, sie sah ihn vor sich, er war damals zwar erst fünf Monate alt, aber so ein ganz schlaues Ding, er plapperte schon ihren Namen und sagte ‚Usa Usa', er tippte mit einem Fingerchen auf ihre Nase und lachte kullernd, so als wollte er sich über sie lustig machen.

Mathilde rief Schwester Hilde ganz aufgeregt und glücklich an und erzählte ihr alles. Was war jetzt zu tun?

Sie beschlossen, der Mutter nichts zu erzählen und brachten sie unter einem Vorwand nach Espelkamp, bei einem unschuldigen Ausflug.

Heiner hatte keine Ahnung von alledem. Er war jetzt fast acht und spielte im neuen Sandkasten und war glücklich, denn er war stolzer Besitzer einer Schaufel und eines kleinen Eimers. Er hatte das Gefühl, dass er eigentlich viel zu groß war, um im Sandkasten Kuchen zu backen, aber gerade das fand er so schön: wie eine kleine Rotznase im Sand rumzuwühlen.

Etwas lag allerdings in der Luft, fand Heiner, denn Schwester Mathilde brachte ihm einen kleinen Kirschlutscher und sagte:

„Nun spiel mal schön weiter hier und lauf nicht weg, ich muss nachher mit dir reden."

Er guckte nach oben; nach Gewitter sah es nicht aus.

Als er neben seinem nackten Fuß eine Schnecke entdeckte, warf er sich auf den Bauch und redete mit ihr. Von Schnecken verstand er was. Das Schneckchen guckte den Heiner an, als wollte es antworten.
Ein Bus hielt direkt vor Haus Sonnenschein.
Heiner mochte die Ausflügler nicht, fast wäre er aufgesprungen, um schnell an seiner Linde hochzuklettern, aber Schwester Hilde hatte ihm ja gesagt, dass er weiterspielen solle, und so blieb er im Sandkasten liegen.
Die Leute stiegen aus dem Bus. Heiner setzte sich hin, nahm seine Schaufel und fing an zu graben. Er senkte den Kopf, da war das Schneckchen noch und glotzte ihn an.
Die Leute machten Lärm.
„Was für ein Krach!", dachte Heiner.
Es waren viele Leute gekommen, Kinder, Frauen, Männer. Ganze Familien stiegen aus den Bussen. Sie waren glücklich, lachten und redeten.
Er hob den Kopf und betrachtete sie heimlich.
Wie zufrieden sie alle guckten!
Eine junge Frau stieg aus dem Bus. Sie hielt ein kleines Mädchen auf dem Arm. Sie ließ die Kleine auf den Boden gleiten, nahm sie an die Hand und ging ein paar Schritte, langsam, wie im Traum. Sie trug eine Tasche und guckte auf die Erde.
Als sie den Kopf hob, fiel ihr die Tasche aus der Hand.
Da war ein Kind, das ihr direkt in die Augen sah.
Die Mutter stand wie versteinert da und blickte auf das Kind im Sandkasten.
Mein Kind mein Kind
Mein kleines Baby

Da war ihr Baby ihr kleiner Junge da war das kleine Ding mit den großen blauen Augen und den schwarzen Löckchen fünf Monate alt und jetzt
sieben Jahre neun Monate vier Tage und fünf Stunden
da saß es im Sandkasten und spielte
sah sie aus großen Augen an ganz lieb ganz offen ganz blau
Die Mutter drehte sich um. Da waren viele Leute, die zu ihr hinüberblickten.
Eine Mauer von Leuten ihr Kind ihr Kind
„Die Russen die Russen mein Kind mein Kind bitte bitte mein Kind o mein Kind die Russen die Russen"
Der Schrei der Wolfsmutter
„Mein Kind mein Kind mein Uli mein Uli"
Mathilde packte Schwester Hildes Hand.
„Es ist ihr Kind, ich wusste es!"
„Still", sagte Schwester Hilde.
Das kleine Mädchen machte sich von seiner Mutter los und lief direkt auf den Sandkasten zu.
Die Mutter öffnete ihre leeren Arme ihr Kind war nicht mehr da eine unbekannte Frau trug es weg die Russen die Russen ihr Kind fünf Monate eine Musik eine ganz laute Musik heiß und farbig drang in ihre Seele
Mein Kind
Oh mein Kind
Das kleine Mädchen setzte sich zu dem Jungen in den Sandkasten.
Der Junge ließ Schaufel und Eimer fallen.
Da war ein Gesicht vor ihm mit großen blauen Augen ganz weit offen
Der Blick drang in sein Herz
Die Musik kam und sang in seiner Seele

und dann hörte er ihre Stimme
die Stimme die zu seinem Leben gehörte
er kannte sie
und warf sich nach vorne wie ein hungriger kleiner grauer Wolf direkt in ihre Arme und schrie
Mama Mama
hörte die Musik
die Musik
wie lange hatte er auf sie gewartet wie lange
Mein Kind
mein Uli
sie presste ihn fest an sich
sie roch so schön
Ringsum stand eine schweigende Mauer
Keiner bewegte sich sie standen wie angewurzelt
Die Leute weinten. Sie streichelten die Mutter und das Kind.
„Uli", sagte seine Mutter.
Alle verstummten.
„Uli, du heißt Uli."
„Ich weiß", sagte der kleine Heiner Bromberg, „ich hab' immer das Heulen der Wölfe aufgeschrieben. Ich hab's in alle meine Hefte geschrieben! Frag nur Tante Bröker. Gib mir ein Papier."
Sie wühlte in ihrer Tasche und zog eine Postkarte heraus, jemand reichte ihm einen Bleistift.
„Siehst du", sagte Heiner. „Hier ist das Heulen der Wölfe, guck mal. Ich weiß schon, das ist mein Name."
Es war totenstill als Heiner auf das Papier schrieb:
Uli
Heiners Mutter zog ihn an sich.
„Wie ist das möglich?", sagte sie. „Mein kleiner Uli!"

„Das ist das Heulen der Wölfe, Mama", sagte Heiner. „Geh' nicht weg Mama, geh' nicht weg bleib bei mir ..."
Seine Mutter wollte ihn gar nicht wieder loslassen, sie erstickte ihn fast.
„Mein kleiner Uli, wie konntest du denn deinen Namen wissen ... du warst doch noch so klein?"
„Die Wölfe haben mich gerufen, Mama, die kannten meinen Namen, sie riefen immer Uli Uli Uli. Es waren die Wölfe, Mama ..."

32
Davon, dass der kleine Willy 1865 mit einem kleinen Holzpferdchen und einer Peitsche spielte; warum der Schnee so rein und still fiel; und wieso der Großvater so erdhaft und fantastisch war; aus welchem Grunde die Natur atmete und seufzte wie eine Geige; warum die Leute von der SS wie bekloppt dastanden; und wie Hagen am neunundzwanzigsten April im Jahre 1944 in Dargelau, Pommern geboren wurde, als der Großvater in den Krieg zog; und davon, dass das Leben ganz still ist

Lange bevor sie am dritten Juli 1945 geboren wurde, war ihr Großvater Erich Bode schon Landarzt in Lauenburg, Pommern. Er wohnte in einem sehr schönen Haus am Marktplatz. Seine Frau, Alice von Hagen, dunkelhaarig mit großen dunklen Augen und einem tiefen Blick, gehörte der Sippe der wunderbaren Prinzessinnen an; schön, gebildet und exquisit; auf ihrem Schreibtisch stand immer ein Strauß Blumen; meistens waren es gelbe Rosen, die ihr Mann ihr mitbrachte, denn er liebte sie wie sonst nichts auf der Welt.

Sie waren ein entzückendes Paar, beide hatten viel Humor. Sobald sie von einem Fest zurückkamen, machte Alice Theater für ihn, sie äffte die Leute nach, einen aufgeblasenen General, ein kicherndes Mädchen, jene kitschig gekleidete mit Schmuck überladene Dame mit den rosa Schleifen am Kleid und ihrem albernen Gerede ...
Sie hatten vier Kinder, Thilo, Marie-Luise, Friedrich Wilhelm und die kleine Jutta.
Der Großvater erzählte viel von Pommern. Er hatte natürlich Heimweh, denn auch im Deutschen gibt es dieses Wort, von dem die Galicier behaupten, nur sie hätten so etwas, ‚morriña', weil es das im Spanischen nicht gibt, denn die spanischen Worte ‚nostalgia' und ‚añoranza' bewegen sich eher in einem sehnsüchtigen Bereich.
Sie guckte die Familienfotos an, die überall standen, sie liebte die altmodischen Kleider und die schönen Blicke auf den Bildern. Es gab natürlich ein Foto, dass sie ganz besonders liebte, das Bild vom kleinen Wilhelm Thermann. In einem alten Kasten lagen auch ein paar Sachen von Willechen, ein kleiner Ball aus Stoff, der irgendetwas in seinem Innern hatte, so dass man mit ihm dopsen konnte, eine kleine Spielpeitsche und seine Schühchen. Die kleinen Schuhe waren braun und hatten eine Schlaufe mit einem Holzknöpfchen, sie waren aus ganz festem und dünnem Leder, sie hätte sie gerne geputzt, denn sie waren gar nicht blank, aber sie traute sich nicht. Sie waren ganz klein, nicht mal Größe 18, mit winzigkleinen Absätzchen. Die Sohlen waren etwas abgenutzt, obwohl sie bei der winzigen Größe ihre Zweifel hatte: Hatte der kleine Wilhelm damit je ein Schrittchen vorwärts getan? Er konnte doch höchstens darauf hin und her gewackelt sein. Sie öffnete die kleine Schlaufe mit dem Holzknöpfchen und steckte ihre Hand in die Schuhe, um sie anzuwärmen, dabei stellte sie sich Willechens Füße vor, so runde mollige kleine Dinger, fest und doch so klein und nett wie eben Babyfüße so sind.

Auf dem Foto trug Willechen ganz andere Schühchen, es waren helle feine Schnürstiefelchen aus Ziegenleder, da war Willy vielleicht drei Jahre alt. Der Kleine war ein glückliches, lebhaftes Kindchen, das viel und recht laut spielte, er hatte seine kleine Peitsche in der Hand und schien als Wagenkutscher verkleidet zu sein: auf einem anderen Bild saß er auf einem Schaukelpferdchen, das schon seinem Vater, dem Doktor Thermann gehört hatte. Er trug ein Kittelchen, unter dem solche netten Puffhosen hervorschauten.

Sie ging immer wieder und öffnete den kleinen Kasten, um sich die Schuhe zu nehmen, sie durfte das, der Großvater wusste, dass sie nichts kaputtmachte, wie sollten die Schuhe auch jetzt noch kaputtgehen, wenn sie doch schon fast ein Jahrhundert alt waren, sagte der Großvater.

Willechen hatte ganz große glänzende blaue Augen und trug seine lockigen blonden Haare bis auf die Schultern, wie das damals so Sitte war und auch jetzt noch, denn ihr kleiner Bruder Heiner trug auch ganz lange Locken und wollte sich nicht ein Fitzelhärchen davon abschneiden lassen, sonst machte er ein großes Theater, schlug rabiat um sich und wollte sich durchaus nicht beruhigen lassen.

„Woran ist denn das Willechen gestorben?", fragte sie den Großvater. „Das arme kleine Ding!"

„Am Typhus", sagte der Großvater, „er war an die dreieinhalb Jahre alt, aber es hat ihm nicht wehgetan, er schlief einfach ein wie ein Engelchen und dann ist er in den Himmel gekommen. Auch mein Großvater, der Doktor Thermann, ist an Typhus gestorben, es gab eine Epidemie und als er schon viele Leute gesund gemacht hatte, da wurde er zum Schluss selber krank."

„Da saßen sie dann wohl ganz vergnügt zusammen im Himmel, denn da gibt es einen Haufen Süßigkeiten, das hat der Hagen mir erzählt, man kann da auch Limonade kriegen und den tollsten Kuchen, sogar

Baiser mit Schlagsahne und Schokoladenspänen drauf, und weil es da kein Geld gibt, ist alles ganz umsonst, stell dir das mal vor!"
Der Großvater lachte ganz doll und sagte:
„Na, das sind ja schöne Zustände da oben, woher weiß denn der Hagen das alles?"
„Ach, der kennt den Petrus und der hat ja diesen großen Himmelsschlüssel und macht ihm damit auf, der Hagen pfeift bloß an der Himmelspforte, und dann lässt er ihn rein, der Hagen weiß da ganz gut Bescheid, hat er mir erzählt."
„Ja, unser Hagen-Thilo hatte schon immer eine blühende Fantasie, das muss man ihm lassen", bemerkte der Großvater.
Er saß in dem alten Lehnsessel, der schon seinem Großvater gehört hatte, eigentlich waren es zwei, denn seine Großmutter hatte auch einen. Hagen und sie setzten sich immer zusammen in den vom Großvater, weil der so einladend in der Ecke stand und nach Pfeifenrauch roch, das war so gemütlich. Da wollten sich übrigens alle Kinder immer hinsetzen, wie von einem Magneten gezogen schnurrten sie auf den Sessel zu, so klein sie auch waren, sie wollten da rauf und brüllten, bis jemand sie da hinsetzte, und da klebten sie dann zufrieden und sabberten vor sich hin.
Darüber musste der Großvater ganz fürchterlich lachen, denn er konnte sich das gar nicht erklären.
„Warum wollen die da alle drauf, ganz egal welcher Herkunft, Hautfarbe und Windelsorte?", fragte der Großvater.
„Ja, alles was Windeln trägt, möchte da hinwackeln", bemerkte Hagen weise.
Es gab auch ein großes Foto von der Familie Thermann, das hing in Großvaters Praxis. Willechen war da noch ein Baby, zur Abwechslung trug er nicht mal die Andeutung von Schühchen, sondern war vollständig barfuß, er war vielleicht paar Monate alt und hatte nur ein

paar Härchen auf dem Kopf. Er saß bei seiner Mutter auf dem Schoß und lächelte sehr lieb, seine Ohren standen so nett ab wie bei fast allen kleinen Kindern, und sein Vater hatte seinen rechten Arm hinter ihn gelegt, wahrscheinlich damit er nicht hin und her wackeln sollte; er trug bloß ein kleines Seidenhemdchen und ein kleines Blumensträußchen in der Hand, seine Mutter hielt beide dicken kleinen Füßchen mit der rechten Hand, damit sie nicht kalt werden sollten. Seine Mutter hieß Luise und sah sehr lieb aus, mit aufgesteckten Haaren und einem Mittelscheitel. Willechens Vater, der Doktor Wilhelm Thermann, schaute sehr ernst drein, sie fand ihn schön, der hatte so einen netten Bart und eine Brille mit runden Gläsern. Seine sechsjährige Schwester Luise stand auf einem Hocker hinter ihrem Vater und hatte ihre Hand ganz vertrauensvoll auf dem Kopf ihres Vaters. Sie hatte eine witzige kleine Stupsnase und einen Reifen im Haar.
„Und wann sind die gestorben, Großvater? Ist das schon lange her?"
„Sehr lange", sagte der Großvater und reichte ihr ein Pfefferminzbonbon aus einer bunten Schachtel, da durfte man sich nur manchmal eins nehmen. „Willechen und sein Vater sind 1865 gestorben."
„Wie lange ist das denn her, Großvater?"
„Na, so etwa an die achtzig Jahre ... das war im neunzehnten Jahrhundert."
„War der kleine Willy dein Bruder?"
„Nein, er war nicht mein Bruder, du weißt doch, wer mein Bruder war, er hieß Thilo und fiel im Ersten Weltkrieg ... Willechen war der kleine Bruder meiner Mutter Luise."
„Warum haben wir eigentlich so viele Fotos, Großvater?"
„Mein Vater hat immer von uns Fotos gemacht ... er war Professor an der Hallenser Universität, er hat auch dieses alte Foto abfotografiert, und von uns machte er dauernd Fotos, das war eine schöne

Quälerei! Er hatte zwei oder drei Fotoapparate und die Fotos waren wirklich wunderbar, aber wir mussten stundenlang still sitzen, im Garten oder auf irgendwelchen Sofas, dann wurden wir zurechtgerückt, und vorher gekämmt, und man durfte ja nicht mal mit der Wimper zucken, sonst verwackelte das Foto. Wir hatten überhaupt keine Lust, da so blöde still zu sitzen, aber er war immer so lieb zu uns ... er hat uns nie angeschrieen. Er redete immer mit so einer wohlklingenden Stimme, da konnten wir stundenlang zuhören, denn er erzählte uns viel von früher, als er noch klein war. Meine Mutter war auch so ein liebes, feines Wesen, sie hatte so viel gelesen und wusste so viel, wir haben viel von ihr gelernt; bei ihr war es auch nie langweilig. Sie schrieb jeden Tag in ihr Tagebuch mit einer ganz herrlichen Schrift, ich wollte auch so schön schreiben, aber das gelang mir nie. Herr im Himmel! Ich hatte mir solche Mühe gegeben!"
„Ja, Großvater, du klierst immer so, man kann das gar nicht lesen, der Apotheker ist auch immer ganz verzweifelt, wenn er deine Rezepte lesen muss, neulich hat er zu Tante Marie gesagt, das sei eine wahre Tortur!"
Der Großvater saß ganz versunken in seinem Sessel.
„Der Mann hat recht, aber ich hab's aufgegeben, in meiner Familie waren die alle so fein und edel, warum bin ich eigentlich so unglaublich irdisch? Nein, eher erdhaft, irdisch klingt ja so nach Kirche ... Das frage ich mich heute noch, aus welcher Wildnis die mich eigentlich gefischt haben ... na so ein richtiger Naturbursche, sagte mein Vater immer ... ach, da fällt mir gerade was ein!"
Er öffnete das Fenster und schnüffelte in die Luft hinaus wie ein Hund.
„Fantastisch!", sagte er und lachte zufrieden. „Ich hab's mir schon gedacht! Jetzt kommt der Schnee ... es wird nicht eine Stunde dau-

ern, dann fängt es an zu schneien, du wirst schon sehen! Wir müssen jetzt unbedingt in den Wald!"

„Der Schnee! Der Schnee!"

Sie sprang weg wie ein Hase und kam zurück mit ihrer Jacke, den Handschuhen und einer Mütze.

Sie guckte zu, während er sich anzog, einen Schal wollte er nicht und auch keine Mütze, bloß die Handschuhe. Er lächelte ihr zu.

„Weißt du was, Großvater," sagte sie, „du bist ganz fantastisch! Ich weiß gar nicht, was ich ohne dich tun sollte!"

Der Großvater guckte sie an. Seine Augen glänzten hell.

„Na klar!", sagte er. „Was hab' ich doch für ein Glück! Ich bin fantastisch! Das wusste ich gar nicht! Und noch dazu in meinem Alter, wo ich doch schon beinahe in die Grube fahre! So ein alter Knochen bin ich, aber jetzt bin ich fantastisch und meine Enkelin wüsste gar nicht, was sie ohne mich anfangen sollte! Dein alter Großvater ist ein richtiger Glückspilz."

Der Großvater hatte den Schnee erschnüffelt wie ein waschechter Naturbursche.

„Ja, die Natur und ich, wir sind recht befreundet", sagte er.

Es dauerte keine Stunde, da kam der Schnee; sie gingen schweigend durch den Wald mit den hohen Kiefern, den knorrigen alten Eichen und den Buchen, die immer so schwatzhaft waren, sie umarmte eine steinalte verknöcherte Birke mit einem fast schwarzen Stamm, so betagt war die schon.

Es begann still und friedlich zu schneien. Die Schneeflocken fielen rein und spielerisch wie frischgewaschener Gänseflaum auf die Bäume und den weichen Waldboden, um sich dort als sorglose und geheimnisvolle Verhüllung niederzulassen.

Eine weiße, lautlose und ungetrübte Welt ... wie unschuldig sah sie aus!

„Sogar das allerärmste Häuschen sieht wie ein edles Gebäude aus mit der feinen Schneehaube", sagte der Großvater.
Er hielt inne und sagte:
„Steh mal ganz still und beweg dich nicht ... dann kannst du hören wie die Natur leise klopft ... es ist, als wenn ihr großes Herz langsam schlüge ..."
Sie fasste seine Hand.
Die stille weiße Welt hörte auf sich zu drehen.
Sie standen und horchten.
Die Luft war sehr kalt, fast gefroren. Man konnte sie richtig sehen, die Luft stand still, durchsichtig und weiß.
Plötzlich kam etwas in ihr Herz, es war wie das leichte Atmen einer Geige.
„Großvater", flüsterte sie.
„Ja", sagte der Großvater, der nach oben blickte.
„Da ist eine Geige, die atmet."
Der Großvater gab ihr einen Kuss.
„Du hast immer recht, nicht Großvater?"
Der Großvater lachte so toll, dass er beinahe in den Schnee kullerte.
Ein Rabe so schwarz wie Lakritz erhob seine Flügel und rief Kra Kra.
„Also ich habe wohl eine Sekte von Mitverschworenen!", rief der Großvater. „Sogar die schwarzen Raben wissen, wer ich bin! Heilige Ingrid Bergmann! Wie tatterig wir Raben doch sind!"
Also eine Sekte hatte er gewiss nicht und er war auch kein schwarzer Rabe, aber er hatte wahrhaftig viele getreue Mitmenschen und Nachbeter, die fest an ihn glaubten wie an eine alte und heidnische Religion. Seine Patienten waren ihm vollständig ergeben. Sie wussten, dass er sie nie im Stich lassen würde und immer sein Wort hielt. Er warf

die Priester und Dorfpastoren aus dem Krankenzimmer mit den Worten:
„Ich sag' euch Bescheid, wenn's so weit ist, vorher habt ihr hier nichts zu suchen. Klingelt hier ja nicht rum mit eurem Weihrauchkonzert!"
Er liebte die Menschen mit wahrer Hingabe. Er wusste immer, was mit ihnen los war, oder was mit ihnen nicht stimmte. Ganz egal, was das für Leute waren, kleine, große, arme, reiche ... er wusste, wie er mit ihnen umgehen musste. Und er hatte immer noch Mitleid mit seinen Patienten.
„Ach Gott, der arme alte Kracher," sagte er dann. „So ein lieber alter Mann, der hat das weiß Gott nicht verdient, so zu leiden."
„Großvater, so alt ist der gar nicht, du bist doch viel älter!"
„Ja, aber ich muss nicht so viel mitmachen", sagte er.
Er gab nicht viele Ratschläge, damit hielt er sich nicht auf, aber wenn er mal was sagte, dann war es immer sehr nützlich und wertvoll; man vergaß es nie.
„Was Männer sagen oder reden, das ist alles gar nicht so wichtig", sagte er. „Hör nur zu, das kann sogar interessant sein, aber guck immer genau hin, was die machen und tun ... Nur so sieht man, was das für einer ist."
Lissy, ihre Mutter, erzählte viel von ihrem Vater und von damals, als sie noch in Pommern wohnten und ihr Vater Arzt in Lauenburg und den kleinen Dörfern und Gemeinden war. Er hatte ein gutes Herz, war mitleidig und unermüdlich. Er machte überhaupt keinen Unterschied zwischen armen und reichen Patienten, nur wenn es ans Bezahlen ging. Wenn sie nichts hatten, sagte er:
„Wenn bei uns was kaputtgeht, könnt ihr kommen und das reparieren. Ihr dürft mir auch Kartoffeln bringen oder Rüben, dann bin ich sehr zufrieden!"

Lissy erzählte ihr, was der Großvater getan hatte, als sein erster jüdischer Patient plötzlich verschwand.
Er tat etwas Unglaubliches. Der Großvater war sehr mutig.
Er wusste immer, was mit seinen Patienten los war, denn er fühlte mit ihnen und dachte an sie. Als er herausfand, dass sein Patient Abraham Birnbaum mitten in der Nacht abgeholt worden war, fuhr er mit seinem alten Motorrad wie der Blitz zur SS-Kommandatur, so wütend, dass ihm fast Funken aus den Augen sprangen und schrie die direkt an, ohne irgendwelche Höflichkeitsbezeugungen:
„Was zum Deibel habt ihr mit meinem Patienten Abraham Birnbaum gemacht? Ich hab' gehört, dass ihr ihn vor drei Tagen in ein sogenanntes Konzentrationslager geschleppt habt, seid ihr denn von Sinnen? Seine Familie braucht ihn! Sollen die sich jetzt vor Hunger in den Schlaf weinen? Er hat fünf Kinder, und jetzt sind seine Frau und die älteste Tochter alleine in der Werkstatt, wie sollen die die ganze Arbeit schaffen, könnt ihr mir das mal erklären, ihr blöden Hunde? Soll ich die jetzt etwa alle ernähren oder wie habt ihr euch das vorgestellt?"
Die von der SS trauten ihren Sinnen nicht. Sie standen da mit offenem Maul, wie geknebelt und verblödet.
„Mach dein Maul zu, Otto, du Affe!", fuhr der Großvater ihn an.
„Oder soll ich dir einen Faustschlag in die Rippen versetzen? Den Birnbaum vor seiner gesamten Familie einfach wegzureißen und weiß der Teufel wo hinzuschleppen, die armen kleinen Kinder! Habt ihr sie nicht mehr alle? Ihr seid wohl übergeschnappt! Ich bin sein Arzt und verlange seine sofortige Herausgabe, auf der Stelle!"
„Aber Herr Doktor ... es war ein Befehl ..."
„Ein Befehl, was soll das heißen? Ihr befehlt doch hier, oder bin ich da falsch unterrichtet, ihr Ochsen? Und du, Emil, starr mich nicht an, als wäre ich ein irisches Schlossgespenst, Mann! Oder hast du ver-

gessen, wie ich dich im Winter von deinen epileptischen Anfällen kuriert habe? Bist du gesund geworden oder nicht? Los, raus mit der Sprache oder ist dir das entfallen? Und jetzt soll ich dabeistehen und zusehen, wie du auf die grausamste Art meine Patienten entführst! Ich nehm an, das ist der Dank dafür, dass ich dich heilgemacht habe, du Wildschwein? Du hast ja noch nicht mal die Rechnung bezahlt und Gott weiß, dass ich meine Arbeit an dir getan habe!"
„Ja, natürlich, sicher, Herr Doktor", stammelte Emil vollkommen unterwürfig, „ich bin Ihnen ja auch sehr dankbar dafür, und ich bezahl das ja auch, sobald ich kann ... aber wir haben hier den Befehl bekommen ... wir sind jetzt im neuen Deutschland ... und die Leute, die das nicht verstehen ... ja die müssen jetzt in ein Lager und darauf konzentriert werden, das hier nichts wie früher ist ..."
„Zum Teufel mit den verdammten Befehlen und der ganzen kriecherischen Konzentration!", schrie der Großvater ihn an. „Das neue Deutschland, na ein feines Land wird das werden! Und von mir aus lebe das neue Deutschland, aber den Abraham Birnbaum bringt ihr mir sofort her, ich geh' hier nicht weg, bis der kommt! Was habt ihr blöden Heinis überhaupt bei der SS zu suchen, das ist ja eine Schande ohnegleichen!"
Sie stotterten und stammelten und versprachen, sie würden Birnbaum wiederbringen.
„Dalli, dalli, na wird's bald! Setzt euch in Bewegung und tut, was ich euch gesagt habe!", rief der Großvater. „Heute abend bringt ihr den, sonst könnt ihr was erleben! Ich bin ein alter Offizier, vergesst das nicht!"
Da standen beide zitternd wie die Putzlappen, mit der Hand an der Mütze:
„Jawohl, Herr Doktor, Heil Hitler!"

„Heil du ihn doch, Emil!", rief der Großvater und schwang sich auf sein Motorrad.
Am nächsten Abend war Abraham Birnbaum wieder zu Hause. Der Großvater ging sofort zu ihm. Es war schon dunkle Nacht.
„Komm mit, ich hab' was mit dir zu besprechen, aber hier bei dir geht das nicht. Los, schwing dich auf's Motorrad!"
Als sie in die Praxis kamen, schloss der Großvater die Tür ab.
Abraham zitterte am ganzen Leib.
„Komm, mein Guter, nun beruhige dich erstmal. Ich will dich bloß untersuchen, du siehst mir gar nicht gut aus."
Danach fragte er ihn:
„Du bist ja ganz abgeklappert und mit den Nerven herunter, mein Lieber, und dazu hast du auch an Gewicht verloren, nun sag mir mal, was die mit dir gemacht haben."
„Ach lieber Herr Doktor", klagte Abraham Birnbaum. „Ich darf ihnen gar nichts erzählen, die haben mir's verboten ..."
Er schluchzte jämmerlich.
„Hier, trink mal ein Glas Milch, mein Guter", sagte der Großvater.
Er sah ihn mitleidig an.
„Die haben gesagt, die würden mich umbringen, wenn ich irgend jemandem was davon erzähle ... mich und alle anderen auch ..."
„Wen sonst noch?"
„Ich kann nicht ... Herr Doktor, ich kann nicht ..."
„Nur ruhig Blut", sagte der Großvater. „Hier, trink noch was."
„Die haben gesagt, die würden meine ganze Familie umbringen, wenn ich nur ein Wörtchen sage ..."
„Sag mir, was sie mit dir gemacht haben. Ich bin dein Hausarzt, ich muss das wissen, ich verspreche dir, dass ich das nicht weitergebe; niemand wird etwas davon erfahren."

„Die haben mir die ganzen vier Tage nichts zu essen gegeben", erzählte Abraham zitternd und schluchzend, „sie haben mich geschlagen und gefoltert ... und schrien die ganze Zeit, dass wir keine Deutschen seien und überhaupt zu einer minderen Rasse gehörten und dass wir so bald wie möglich verschwinden sollten, denn jetzt gibt es dieses neue Deutschland, schrien sie, das ist nur für die arische Rasse ... und hier wäre kein Platz mehr für uns, und sie wollten alle Juden umbringen, auch in den anderen Ländern, in Holland und in Frankreich, und sie würden die ganze Welt erobern und dann wäre Schluss mit denen, die nicht Arier sind, die müssten alle ins Konzentrationslager, auch die Kinder ..."
Seine Stimme brach, er sank in sich zusammen.
Die Familie Birnbaum verschwand aus Lauenburg, sie nahmen nur das Nötigste mit und emigrierten nach Amerika. Der Großvater half noch mehr jüdischen Patienten, bevor er in den Krieg ging.
Er musste eigentlich gar nicht, denn er war schon zu alt, aber als sein jüngster Sohn, Friedrich Wilhelm, in den Krieg musste, da ging der Großvater auch. Er war aber noch oft in Pommern und kümmerte sich um seine Patienten. Glücklicherweise war er gerade da, als sein erster Enkelsohn zur Welt kam: am neunundzwanzigsten April 1944 wurde Hagen in Lauenburg geboren, und da war es sehr praktisch, dass der Großvater dabei sein konnte, denn Hagen hatte die Nabelschnur um den Hals gewickelt, und der Großvater verhinderte, dass Hagen erstickte und hielt ihn mit dem Kopf nach unten, tat ihn in kaltes Wasser und was alles so nötig war, und schließlich fing der Hagen sehr laut an zu schreien, kein Wunder bei der Behandlung.
Lissy erzählte, dass der Großvater ganz ruhig gesagt habe:
„Das werden wir schon hinkriegen, der brüllt gleich wie am Spieß!"
Und Lissy sagte:

„ ...und weil ich meinem Vater immer alles glaube, denn man kann sich auf ihn verlassen ... so wartete ich ... obwohl es elend lange schien, bis der Hagen endlich anfing zu schreien, es waren vielleicht fünfzig Sekunden, aber das ist eine Ewigkeit, wenn dein Baby in Gefahr ist ... aber wie lieb und schön sah der Hagen aus! Er hatte seine blauen Äugelchen auf mich gerichtet! Das bisschen Warten hatte sich gelohnt ..."
Sie stand plötzlich ganz still. In der Ferne heulten die Wölfe. Sie hatte plötzlich Angst.
„Großvater, die Wölfe heulen ..."
„Iwo, die Wölfe heulen in Pommern, die haben hier gar nichts zu suchen, das sind eher Schafsböcke, die im Schlaf grummeln."
Es schneite. Der stille und geheimnisvolle Wald sah aus wie eine wunderschöne weiße Kathedrale.
„Jetzt müssen wir umkehren", sagte der Großvater. „Der Schnee ist sehr dicht und jetzt haben wir beinahe fünfzehn Grad unter Null!"
„Du wirst doch sicher hundert Jahre alt werden, nicht, Großvater?"
„Versprochen", sagte der Großvater. „Natürlich."
„Großvater, was ist das Leben?"
„Das Leben", sagte der Großvater, „das Leben macht keinen Lärm."

33
Wie Albert vom Paradies erzählte; und warum alle die Tulpen in New York betrachteten; und wie Hagen noch weiß, dass die zweite Frau von seinem Onkel Thilo weitaus schöner als Miss Germany war; und als das Herz von Alberts Töchterchen einen großen Sprung tat

Ernst kam herein. Er trug einen hellblauen Kittel und lächelte geheimnisvoll.
„Na, wie geht's uns denn?", fragte er und sah sie liebevoll an.
Dann gab er ihr einen Kuss, strich ihr über die Haare und sagte: „Ihr beide habt wirklich schönes Haar."
„Na, ich weiß nicht ...", sagte sie, „Hagen mit seinem rasierten Kopf ... ich weiß nicht, was daraus noch werden soll ... er hat allerdings immer sehr schöne blonde Haare gehabt, das ist wahr ... woher weißt du das?"
„Ich stell' mir das eben so vor", sagte Ernst, „aber nun lassen wir mal die Frisuren ... wie geht's dir denn?"
„Ich bin glücklich und zufrieden, Hagen versteht alles ... einfach alles, ich rede die ganze Zeit mit ihm, manchmal denke ich, dass ich ihm mit all dem Gequatsche vielleicht auf die Nerven gehe ..."
„Das nun ganz sicher nicht", sagte Ernst, „ganz im Gegenteil, ihr habt viel nachzuholen, findest du nicht? Ihr habt euch doch schon so lange nicht mehr gesehen, und für ihn ist alles gut, was sein Gedächtnis in Bewegung setzt."
„Hagen", sagte sie, „komm, erzähl uns doch einen Witz!"
Hagen wackelte so komisch mit dem großen Zeh, das alle drei lachen mussten.
„Er erinnert sich an die tollsten Sachen", sagte sie zu Ernst, „du würdest dich wundern!"

„Hagen, erinnerst du dich an Onkel Thilos zweite Frau?"
Sie legte das Heft mit dem Bleistift vor ihn hin.
„Sie war eine Schönheit", schrieb Hagen, „sie wohnten damals in Neu Delhi, er war der Korrespondent der Frankfurter Allgemeinen, wir hatten ein Foto von ihr und Miss Germany, bei einem Fest in der Deutschen Botschaft und weißt du was?", schrieb Hagen langsam mit ganz runden Buchstaben, dabei hatte er doch eigentlich eine fürchterliche Handschrift, aber die würde wohl auch wieder zurückkommen.
„Ich weiß nicht, Hagen, sag du es mir."
„Thilos Frau war viel schöner als Miss Germnay", schrieb Hagen langsam.
Er guckte nachdenklich. Dann nahm er den Bleistift und schrieb: „Meine Tante hieß Irmgard."
Ernst betrachtete Hagens Handschrift.
„Du hast eine wahre Doktorschrift, Hagen."
„Genau wie mein Großvater", schrieb Hagen. „Er hatte eine fürchterliche Klaue. Kein Apotheker konnte die entziffern."
„Ihr habt eine interessante Familie", sagte Ernst. „Heute ist mir das so richtig klar geworden."
Er lächelte geheimnisvoll vor sich hin.
„Was ist los, Ernst?", fragte sie. Sie hatte schon den ganzen Tag so ein komisches Gefühl gehabt, Ernst benahm sich so seltsam, aber das alles lag sicher an dem stundenlangen Sitzen an Hagens Bett, nichts war normal, manchmal hatte sie das Gefühl, lange in einem luftleeren Raum gelebt und geträumt zu haben, nichts war normal auf einer Intensivstation, alles hatte mit dem Tod zu tun.
„Was soll los sein?", fragte Ernst und lächelte sie an. Er zog Hagens Bettdecke zurecht, die auf einer Seite fast bis zum Boden hing. Sie

betrachtete seine Hände, Musikerhände, ganz feine, glatte und muskulöse Hände.

„Nun komm, wollen wir einen Kaffee trinken? Ich wollte sowieso mit dir reden ... Was hältst du davon, wenn du dich des Kittels entledigst, und das ganze Karnevalszeug in den Papierkorb wirfst? Wie lange sitzt du überhaupt schon hier?"

„Ich hab' keine Ahnung ... seit heute früh, aber du hast recht, eigentlich kann ich gar nicht mehr, mir ist so schwach und blöd ..."

„Na, das kriegen wir schon wieder hin", sagte Ernst. „Draußen ist es richtig warm, hast du die Tulpen schon gesehen?"

„Ich komme gleich nach", sagte sie. „Ich muss noch einen Augenblick hier bei Hagen bleiben."

Während sie sich im Spiegel betrachtete und dachte, dass doch alle Krankenhausspiegel ein so blasses und unwirkliches Bild zurückwerfen, merkte sie, dass Hagen schon wieder den Bleistift in der Hand hielt und schrieb.

„Was schreibst du da, Hagen?"

Sie guckte auf den Block.

Da stand:

„Ist Albert etwa gekommen? Sag ihm, dass ich hier bin."

Ihr Herz tat einen sehr unvernünftigen Sprung.

„Hagen", sagte sie, „schreib bitte keinen Blödsinn. Natürlich wird er irgendwann mal auftauchen, aber ich weiß wirklich nicht wann und wo, dir ist doch klar, dass er mal wieder unauffindbar ist, und außerdem sagen alle, dass er tot ist ... weiß ich, wo der Albert sich aufhält? Na er hält sich wohl irgendwo versteckt, weiß der Teufel ... du kennst Albert doch ..."

„Wenn ich mich nicht irre, müsste er heute kommen", schrieb Hagen auf den Block.

Seine Hand wirkte zitterig.

„Du spinnst wohl, Hagen, du liegst hier im Bett, was hast du gesehen? Hast du was gehört? Hat irgendjemand dir etwas gesagt? Wie kommst du darauf, dass Albert hier ist?"
Hagen fing an zu husten.
Sie drückte auf die Klingel. Die Schwester fegte herein und schnauzte sie an:
„Was ist denn jetzt mit ihm los? Der erstickt mir wohl noch!"
Sie zog an dem Kabelgewirr und fing an, den Schleim abzusaugen.
Hagen ließ das Husten sein und lag ganz still und friedlich da.
„Warum war er denn plötzlich so aufgeregt?", wollte die Schwester wissen.
„Er kann ja wohl mal husten oder? Ich hab' ihm weiß Gott nichts getan."
„Davon ist ja auch nicht die Rede", sagte die Schwester und beäugte sie misstrauisch, „aber sei ja vorsichtig, er wird sehr schnell unruhig und nervös, ich kenne Hagen doch, irgendwas hat ihn aufgeregt ... er war den ganzen Tag schon so unruhig ..."
Sie fuhr wieder raus wie ein Berserker.
„Hagen", sagte sie und dachte, dass nach so einem Koma doch wirklich nicht noch was Schlimmeres passieren könnte, „Hagen, hör mir mal zu. Vielleicht ist Albert diesmal ja wirklich was passiert ... Ich muss dir auch sagen, dass er ganz offiziell tot und begraben ist ... auf dem Waldfriedhof in München, und niemand zweifelt an seinem Tod, nur ich, das weißt du ja ... alle haben mir versichert, dass er gestorben ist, sein Anwalt, die Polizei, der Staatsanwalt und natürlich alle, die bei seinem Begräbnis waren ... seine Freunde und Nachbarn, alle Welt ... natürlich hab' ich seine Leiche gesehen, bloß sein frisches Grab ... vielleicht müssen wir uns wirklich daran gewöhnen, dass er diesmal richtig tot ist ... dass es ihn nicht mehr gibt ..."
Sie wischte die Tränen ab.

„Albert ist nicht tot, ich weiß es ganz genau", schrieb Hagen mit zitternder Hand. Sein blauer Blick war fest auf sie gerichtet.
„Hagen, lass es doch, ich komme mir so richtig blöd vor ..."
„Ich nicht", schrieb Hagen plötzlich mit sicherer Hand, „hab' keine Angst, er wird wiederkommen, er kommt immer wieder, das weißt du doch ... und glaub ja nicht, dass ich nervös bin, nur ist es eben Frühling, und ich bin jetzt schwerbehindert oder wie das heißt ... oder weil die Tulpen blühen ..."
„Red keinen Unsinn", sagte sie, „du bist doch kein Behinderter! Du bist ein richtig wilder Vogel!"
„Ich bin kein Urwaldvogel mehr", schrieb Hagen, „ich bin jetzt so ein blöder Hauspapagei."
Er zog eine Grimasse.
Sie lachte immer noch, als Ernst die Tür aufmachte.
„Was ist los, kommst du oder nicht?"
Sie warf den Papierkittel, die Haube, Handschuhe und Maske in den Papierkorb.
„Komm", sagte Ernst, „lass uns den Frühling begucken!"
Die Vögel sangen, es war Frühling in New York, sie dachte auf Galicisch:
„Mira o ceo mira o ceo ..."
Guck dir den Himmel an ...
Der New Yorker Himmel war unglaublich hoch und steil und sie dachte:
„Mira o ceo mira o ceo."
Guck dir den Himmel an.
Der Himmel fing an sich ganz schnell zu drehen, Hagen war gestorben und Albert war im Himmel, da oben saß er mit einem Heiligenschein und grinste spöttisch.
Die Welt wackelte, sie erstickte ... ertrank ...

„Na, nun wach mal auf!", sagte eine energische Stimme. „Nun komm mal wieder zu dir, und guck bitte nicht nach oben ... na, nun mal hopp!"

Sie fühlte, wie Ernst sie ganz festhielt und guckte ihn an, dann die Tulpen ...

„Na siehst du, da bist du ja wieder ..."

Sie war wieder da, der Himmel war ganz weit weg, die Tulpen waren groß und sahen aus wie bunte Tassen, Hagen war nicht da und Albert war verschwunden.

„Es ist alles in Ordnung", sagte Ernst, „mach die Augen wieder auf, los, guck mich an ... hast du etwa Angst?"

„Wo ist Hagen?"

Sie saß auf dem Rasen. Ernst lächelte.

„Keine Bange, Hagen geht's wie immer, er ist nicht tot, von wegen! Der liegt im Bett und schnarcht! Sollen wir nicht einen Kaffee trinken?"

„Na gut, dann eben nicht", sagte Ernst.

Er lächelte tiefgründig.

„Allerdings haben wir Besuch", sagte er. „Möchtest du nicht wissen, wer da gekommen ist?"

„Ich hab' keine Lust auf Besuch, Albert ist tot, ich glaub' an nichts mehr und ich will auch niemanden sehen!"

„Na, nun mach mal richtig die Augen auf."

...er spielte mit ihr und gab ihr einen Haufen ganz schöner Küsse und guckte sie an mit seinen unglaublich blauen Augen ...

„Es sind Alberts Augen", dachte sie.

"Albert?" fragte sie wie im Traum.

„Albert, bist du es, Albert? Bist du es wirklich? ... sag dass es kein Traum ist, Albert ... Es ist doch kein Traum, nicht Albert?"

Es war Albert, ihr Vater.

Und sie weinte vor Freude, Albert war wieder da, er war nicht tot, Albert stand vor ihr, und alle Geschichten über seinen Tod waren erstunken und erlogen und dickere Lügen als alle Schlangen in Bessarabien zusammengenommen, denn Albert betrachtete sie mit seinen unglaublich blauen Augen, obwohl sie vor Monaten seinen Namen auf einem Kreuz im Waldfriedhof gesehen hatte ...
Albert berührte ihr Gesicht und gab ihr einen Kuss.
„Warum weinst du denn, mein Gänschen?", sagte er und guckte sie ganz zärtlich und blau an. „Was gibt's denn hier zu weinen?"
Er legte seine Arme fest um sie und wiegte sie hin und her.
„Mach die Augen mal richtig auf, ich bin's wirklich, du hast doch immer an alle meine Geschichten geglaubt, oder etwa nicht?"
„Na klar", sagte sie und küsste ihn. „Na klar wie Klößchensuppe."
„Alles, was ich von mir gebe, ist immer die reine Wahrheit", sagte Albert sehr ernsthaft.
„Ich weiß", sagte sie.
Sie fühlte sich unendlich glücklich.
Sie betrachtete ihren Vater. Er trug einen sehr schönen grauen Anzug.
„Ich weiß, Albert", sagte sie.
„Alles logisch und sehr chronologisch", sagte Albert und blickte sie mit seinen unglaublich blauen Augen an.
„Aber ich hab' doch dein Grab gesehen, Albert, und alle haben mir von deinem Tod erzählt, und ich musste einen Haufen Papiere unterschreiben, und da kamen lauter Todesanzeigen in der Presse, und die Rechtsanwälte, der Richter und der Staatsanwalt redeten nur von deinem Tod, von deinem Begräbnis ... ja, sie behaupteten sogar, du hättest dich umgebracht!"
„Mit diesen merkwürdigen Angelegenheiten habe ich weiß der Himmel nichts zu tun", sagte Albert friedlich, „bloß weiß ich ganz

genau, dass die Bürokraten keine Ahnung vom Tod haben, wann der eingetreten ist, wo das war und wer noch lebt. Ich bin ja wohl der lebende Beweis dafür!"

Hagen lag ganz still da. Albert kitzelte ihn am rechten Fuß, das war das einzige, was von Hagen überhaupt zu sehen war, und sagte:

„Na, Hagga, willst du nicht aufwachen? Nun mach doch die Augen auf, oder hast du mich gar nicht erwartet?"

Hagen machte langsam die Augen auf und guckte Albert an. Die Tränen liefen ihm übers Gesicht. Albert trocknete seine Tränen mit den Händen und sagte:

„Na, du weißt doch, dass ich sowieso nicht an den Tod glaube ..."

Hagen nahm den Bleistift und schrieb:

„Wie hast du mich gefunden?"

Albert betrachtete ihn lächelnd mit seinen erstaunlichen blauen Augen und antwortete:

„Ja, leicht war das nicht, denn die machten mir ja nichts als Schwierigkeiten, die ließen mich einfach nicht weg, du weißt ja, die immer gleiche Bande von Tintenwischern mit ihrem ewig langweiligen Papierkram ... Im Paradies gefiel's mir auch nicht, das war ja gar nicht wie in den alten Legenden, die Himmelsspeise oder Götterbrei oder wie die das sonst nennen, verdient ihren Namen durchaus nicht ... ewig wurde da die gleiche Wackelspeise aufgetragen ... na, und die himmlischen Harfenklänge und das ganze Gebimmel im Garten Eden mit den gaffenden nackten Barockengeln, das konnte einem auf den Wecker gehen."

„Nun komm schon, Albert", schrieb Hagen, „erzähl doch mal, wo du wirklich warst!"

„Das Ende der Geschichte ist ja noch gar nicht abzusehen", erwiderte Albert, „da muss ich mich erstmal in diese ganzen fantastischen und himmelschreienden Geschichten und Erfindungen einarbeiten, denn

das ist ja wahrhaftig ein wunderbarer Roman, das ganze Material muss erstmal zusammengeschweißt und poliert werden, obwohl diese lyrischen Stücke und Operngesänge derart unwirklich, ja fast himmlisch erscheinen, dass man kaum glauben kann, dass sie einen realen Hintergrund besitzen."
„Aber das ist doch wirklich geschehen, oder?"
„Na ganz klar", sagte Albert.
„Dann erzähl doch mal ...", schrieb Hagen eilig in sein Heft.
„Das war ein dickes Problem, das kann ich euch sagen", sagte Albert, zog einen Stuhl an Hagens Bett und nahm Hagens Hand, „denn die Russen waren ja schon überall, am zehnten März war ganz Ostpreußen bereits überrollt und am siebenundzwanzigsten März waren sie in Danzig ..."
Hagen schrieb in sein Heft:
„Ich bin in Danzig geboren."
„Sei still, unterbrich ihn jetzt nicht, Hagen", sagte seine Schwester ungeduldig, ja fast ärgerlich.
„Am siebenundzwanzigsten März besetzten die Russen Danzig, vorher hatten sie den Danziger Hafen in die Luft gesprengt, und jetzt war es aus mit dem Schiffsverkehr, und da saßen nun noch an die zweihunderttausend Menschen aus Ostpreußen, die nicht mehr evakuiert werden konnten. Sie hatten den unglaublichen Horror der russischen Invasion erlebt und gleichzeitig ständig Bombardierungen. Es ist einfach unglaublich, was menschliche Wesen ertragen können! Na, jedenfalls haben wir vom zehnten März bis zum fünfundzwanzigsten hunderttausende über das Meer evakuiert, es waren Flüchtlinge und Danziger. Es war eine unglaubliche Arbeit, man konnte fast nie schlafen, nur ab und zu mal ein Stündchen zwischendurch ... Es gab da zwei Festungen sozusagen, die die Russen noch erobern mussten: Danzig und Gdingen. Noch am 25. März, als die Russen

uns praktisch schon auf den Hacken standen, welch ein Horror, haben wir noch aus der Nähe von Gdingen fünfunddreißigtausend Flüchtlinge und Soldaten in Schuten, Brückenkähnen, in allen möglich Booten, Schiffen und Kähnen nach Westen geschippert."
Hagen und seine Schwester starrten Albert an.
„... aber ...", sagte Hagens Schwester.
„Unterbrich mich bitte nicht. Also bis zur Kapitulation am 8. Mai, blieb nur noch die Insel Hela und ein schmaler Streifen Küste übrig, alles weitere war bereits von den Russen besetzt worden, es war entsetzlich. Trotzdem war es noch ein Glück, dass wir das bisschen Land noch hatten. Es waren bereits hunderttausend Flüchtlinge auf der Insel Hela und im April kamen noch zweihundertfünfundsechzigtausend. Durch die ständigen Luftangriffe kamen viele zu Tode, und außerdem wurde es immer schwieriger, die unglaublich vielen Leute abzutransportieren. Es ist kaum zu glauben, dass wir die meisten Leute bis nach Norddeutschland oder Dänemark schaffen konnten."
Albert hielt einen Augenblick inne und sagte:
„Ich brauch' ein Glas Wasser."
Er war ganz blass.
„Albert, Albert", sagte sie, „was ist los?"
Aber Albert hörte gar nicht auf sie und sagte:
„Die letzten Schifferkähne, Kutter, Barken, Frachter und Fähren fuhren noch am sechsten Mai schwer beladen weg, es waren so viele Leute drauf ... man kann sich das gar nicht vorstellen ... ich weiß nicht, wie wir das fertiggebracht haben!"
„Wieviele waren es denn?"
„Wir konnten vierzigtausend Flüchtlinge und verwundete Soldaten herausbringen, aber wir mussten zum Schluss an die sechzigtausend zurücklassen, die meisten waren Soldaten ..."

„Und wer hat das eigentlich alles gemacht, ich meine, die ganze Evakuierung?"

„Na wir", sagte Albert, „damit will ich sagen, Schiffer, Fischer, Bäuerinnen, viele alte Frauen und Männer ... in all den alten Kähnen und Schiffchen, die wir überhaupt auftreiben konnten, um insgesamt hundertausende von Flüchtlingen und Soldaten zu evakuieren."

„Und was war mit dem Admiral Dönitz, der doch immer damit geprahlt hat, er hätte über zwei Millionen Flüchtlinge und Soldaten gerettet, weil er die Kapitulation etappenweise organisierte?"

„Das war alles erstunken und erlogen, absolut alles", sagte Albert. „Hitler hatte Dönitz zum ersten Mai als Nachfolger ernannt; somit hatte er nicht nur das gesamte Heer unter sich, sondern war gleichzeitig Reichspräsident. Er war unglaublich grausam und menschenverachtend!", sagte Albert und gähnte. „Er wollte bloß weitermachen ... er wollte ja noch den Krieg gewinnen, dieser blutdürstige Barbar, und obwohl ihn die Gauleiter anflehten, ihnen Schiffe und Lastwagen zur Verfügung zu stellen, um die Zivilbevölkerung zu evakuieren, bestand er darauf, dass der größte Teil der Transportmittel dafür da waren, um das Kriegsmaterial und die Soldaten zu transportieren. Sie stießen ja buchstäblich die Flüchtlinge von den Wegen und Straßen um mit ihren Panzern durchzukommen! Sie wollten ja gar nicht kapitulieren! Sie haben ein ums andere Mal ihre eigenen Leute geopfert!"

Albert seufzte.

„Ich bin vollkommen erschöpft!", sagte er.

„Dönitz war bis zum Schluss der engste Mitarbeiter Hitlers, denn der traute ja seinen eigenen Generälen nicht mehr", schrieb Hagen in sein Heft.

„Ein kalter und grausamer Mensch, genau wie der Hitler", sagte Albert. „Ein reißender Faschist, eine wilde Bestie. Wenn sie schon im

März kapituliert hätten, wären längst nicht so viele Menschen umgekommen ... diese Mörder!"
„Wann haben wir denn von der Insel Hela abgelegt?", fragte sie.
„Ende März ... und Gott sei Dank, dass ihr da erst abgefahren seid", sagte Albert. „Ich hätte euch am liebsten in die Wilhelm Gustloff gesteckt ... stellt euch das mal vor! Als ich von der Torpedierung der Wilhelm Gustloff erfuhr, ogottogott! Fast alle sind umgekommen! Es sind vielleicht ein paar Hundert gerettet worden ... das war die größte Schiffstragödie in der Geschichte ... fast neuntausend Leute sind umgekommen, viermal so viel wie bei der Titanic ... obwohl natürlich noch mehr Schiffe torpediert wurden, die Goya sank in der Ostsee am sechzehnten April mit sechstausend Passagieren, und da waren noch mehr ... Die Karlsruhe, die General von Steuben, die Moltkefels ... ich kann mich an die Namen der anderen Schiffe nicht mehr erinnern, aber im Frühjahr 1945 sind etwa zwanzigtausend Flüchtlinge und Soldaten ertrunken ... Durch die Schuld des Oberkommandos, das der Zivilbevölkerung nicht geholfen hat, obwohl sie genug Transportmittel für alle hatten, mussten zwischen drei und vier Millionen Deutsche in Ostpreußen, Danzig und Pommern zurückbleiben. Die meisten wurden von den Russen in Gefangenenlager verschleppt, sie haben alles verloren ... manche wurden sonstwohin deportiert und man hat nie wieder etwas von ihnen gehört ..."
„Und wieso sind wir denn nicht mit der Wilhelm Gustloff gefahren?"
„Deine Mutter wollte das nicht, sie sagte, sie wollte noch warten", sagte Albert. „Mir war das nicht recht, obwohl ich natürlich gerne bei euch bleiben wollte, so haben wir bis März gewartet. Die Situation verschlimmerte sich allerdings, es kamen immer mehr Flüchtlinge aus Ostpreußen, da haben wir uns beeilt, und es gelang mir, Lissy und ihre Freundin in ein Sanitätsschiff zu kriegen; ihre Freundin hatte zwei Kinder dabei, Lina, ein vierjähriges Mädchen, und den

kleinen Konrad, der in Hagens Alter war. Hagen war neun Monate alt und Lissy war im fünften Monat."
„Ja, das war ich", sagte sie.
Albert blickte sie an mit seinen erstaunlichen blauen Augen.
„Meine kleine Königin vom Schwarzen Meer", sagte er und gab ihr einen wunderschönen Kuss.
„Lina starb nach der Reise, ich kann mich an sie erinnern, sie spielte auf dem Schiff und lief hier- und dorthin, und alle Leute halfen, sie zu suchen: Lina, Lina, wo bist du denn bloß?", schrieb Hagen in sein Heft.
Hagen kullerten die Tränen.
„Na so ein Blödsinn, Hagen! Wie kannst du denn erzählen, dass du dich an sie erinnern kannst, du warst neun Monate alt! So ein Quatsch!"
Hagen schrieb mit zitternder Hand:
„Doch, ich sehe sie noch vor mir, sie hatte so schöne lockige Haare und lachte die ganze Zeit und fasste mir mit ihren dicken Händchen ins Gesicht, und gab mir Küsschen ...", schrieb Hagen.
Albert trocknete ihm die Tränen mit seinem Taschentuch.
„Wie schön, dass du hier bist, Hagen, weißt du, dass ich dir ewig dankbar sein werde für das, was du getan hast?"
Hagen guckte ihn fragend an.
„Ja, weil du nicht krank geworden bist an Board, du warst das einzige Kind, das nicht krank wurde, und deshalb konnte deine Mutter dem Arzt helfen, es waren viele kleine Kinder zu versorgen, deine Mutter weiß ja so viel, sie hatte ihrem Vater oft in der Praxis geholfen, und auf diese Weise haben viele Kinder überlebt ... nun weine doch nicht schon wieder, du dummes Gänschen! Lassen wir mal das Gerede vom Krieg, wie lange ist das alles schon her!"
„Albert, von welchem Jahr reden wir denn eigentlich?"

„1945", sagte Albert.

„Na, wie schön", sagte sie, „es sind fünfundvierzig Jahre her."

„Genau", sagte Albert.

„Du bist schon vor ziemlich langer Zeit mal wieder verschwunden", sagte sie, „etwa zweieinhalb Jahre lang haben wir nichts von dir gehört ... jetzt erscheinst du wieder und erzählst, wie ihr alle zusammen so viele Leute gerettet habt, Flüchtlinge, Soldaten, Kinder und so weiter ... was soll das eigentlich? Wo warst du eigentlich die ganze Zeit?"

„Es war wirklich Knochenarbeit", antwortete Albert ungerührt, „es war unglaublich schwierig, so viele Leute aus dieser Hölle heraus zu holen, das kann ich dir versichern, und ich bin jetzt durchaus nicht für Späße aufgelegt. Außerdem weißt du ja, dass das mit der Zeit sehr relativ ist, ein anderer Albert erfand da so eine Theorie ... ich allerdings rede von der Praxis, wie immer."

„Albert Einstein", schrieb Hagen in sein Heft.

„Logisch und chronologisch", sagte Albert.

„Aber der Krieg war doch schon 1945 zu Ende, das ist fünfundvierzig Jahre her, Albert!"

„Und du kennst wohl nicht vielleicht so eine schlaue kleine Person, die ein Buch mit all diesen Ereignissen schreiben könnte?", fragte Albert und fing an, kleine Zöpfchen in ihre Haare zu flechten.

Er sah sie an mit seinen erstaunlichen blauen Augen und lächelte.

„Na klar kenn ich die", sagte sie.

„Ich wusste es doch", sagte Albert. „Meine kleine Hexe vom Schwarzen Meer."